T0209809

Essentials liefern aktuelles Wissen in konzentrierter Form. Die Essenz dessen, worauf es als „State-of-the-Art" in der gegenwärtigen Fachdiskussion oder in der Praxis ankommt. Essentials informieren schnell, unkompliziert und verständlich.

- als Einführung in ein aktuelles Thema aus Ihrem Fachgebiet
- als Einstieg in ein für Sie noch unbekanntes Themenfeld
- als Einblick, um zum Thema mitreden zu können.

Die Bücher in elektronischer und gedruckter Form bringen das Expertenwissen von Springer-Fachautoren kompakt zur Darstellung. Sie sind besonders für die Nutzung als eBook auf Tablet-PCs, eBook-Readern und Smartphones geeignet. Essentials: Wissensbausteine aus Wirtschaft und Gesellschaft, Medizin, Psychologie und Gesundheitsberufen, Technik und Naturwissenschaften. Von renommierten Autoren der Verlagsmarken Springer Gabler, Springer VS, Springer Medizin, Springer Spektrum, Springer Vieweg und Springer Psychologie.

Andreas Maisch

Der Einsatz externer Mitarbeiter in Bundesministerien

Eine politikwissenschaftliche Analyse

 Springer VS

Andreas Maisch
Berlin
Deutschland

ISSN 2197-6708   ISSN 2197-6716 (electronic)
essentials
ISBN 978-3-658-08414-1   ISBN 978-3-658-08415-8 (e-Book)
DOI 10.1007/978-3-658-08415-8

Die Deutsche Nationalbibliothek verzeichnet diese Publikation in der Deutschen Nationalbibliografie; detaillierte bibliografische Daten sind im Internet über http://dnb.d-nb.de abrufbar.

Springer VS

Gedruckt auf säurefreiem und chlorfrei gebleichtem Papier

Springer Fachmedien Wiesbaden ist Teil der Fachverlagsgruppe Springer Science+Business Media
(www.springer.com)

Was Sie in diesem Essential finden können

- Die erste politikwissenschaftliche Untersuchung zum Einsatz externer Mitarbeiter in Bundesministerien, dieser besonderen Form von Lobbyismus.
- Exklusive Informationen über die Tätigkeit von Lobbyisten und anderen externen Mitarbeitern in Ministerien.
- Die empirische Überprüfung mehrerer theoriegeleiteter Hypothesen zur Anzahl der externen Mitarbeiter, ihren Einflussmöglichkeiten sowie dem Einfluss der politischen Parteien.
- Ein Forschungsdesign, das mehrere wissenschaftliche Methoden miteinander verbindet.
- Eine leicht verständliche Sprache, die auch interessierten Bürgern die Lektüre ermöglicht.

Vorwort

Manchmal überrascht es, wo man überall auf das Thema der eigenen Forschung stößt. Zum Beispiel, wenn der Moderator der ZDF-Satiresendung „heute-show" zum Thema Lobbyismus scherzt, immerhin würden die Mitarbeiter der Firmen noch nicht in den Ministerien sitzen. Und ihm dann sein Kollege den Spaß verdirbt, indem er einen Film abspielt. Einen Film, in dem ein ehemaliger Praktikant des Verkehrsministeriums erzählt, wie ein Daimler-Angestellter im Ministerium saß, sich interne Unterlagen bringen ließ und diese kopierte.

Ganz so schlimm ist es inzwischen nicht mehr, doch der Einsatz solcher sogenannter externer Mitarbeiter bleibt ein brisantes Thema. Ein Thema, das bisher kaum erforscht worden ist. Das soll diese Untersuchung ändern, indem sie hoffentlich das Beste aus Journalismus und Wissenschaft vereint: journalistische Aktualität und Recherche sowie wissenschaftliche Gründlichkeit und Objektivität.

Dieses Buch ist auf der Grundlage meiner Master-Arbeit zum selben Thema entstanden. Dafür habe ich die Arbeit aktualisiert, an einigen Stellen ergänzt und an anderen gekürzt. Ich danke Dr. Werner Reutter und Dr. Peter Rütters, die jene Arbeit betreut hatten, für ihre Ratschläge. Außerdem danke ich den Experten, die sich für diese Untersuchung interviewen ließen.

Berlin, im Oktober 2014

Andreas Maisch

Inhaltsverzeichnis

Über den Autor

Andreas Maisch Master of Arts in Politikwissen-schaft, Heinrich-Heine-Straße 12, 10179 Berlin. Andreas Maisch schreibt als Journalist mit den Schwerpunkten Innenpolitik, Hochschul- und Medienthemen für regionale und überregionale Medien.

Einleitung 1

Sie kommen unter anderem von der Deutschen Bank, dem Deutschen Fußball-Bund und dem Bundesverband der Deutschen Industrie: externe Personen in der Bundesverwaltung. Und obwohl diese externen Mitarbeiter keine Beamten sind, hatten und haben sie Büros in zahlreichen Bundesministerien. Manche von ihnen waren sogar an der Formulierung von Gesetzentwürfen beteiligt (Adamek und Otto 2008; Atzler und Dreykluft 2003; BMI 2011b, S. 28, 2012a, S. 26; Monitor 2006; Report Mainz 2003). Aus der Sicht einiger Kritiker haben es Lobbyisten damit von der Vorhalle des Parlaments bis in die Ministerien selbst geschafft (Monitor 2006).

Obwohl die Medien regelmäßig über die Tätigkeit von externen Personen (Externen)[1] in Bundesministerien kritisch berichten, mangelt es an wissenschaftlichen Untersuchungen zu diesem Thema (vgl. Adamek und Otto 2008, S. 13; Hartmann 2014, S. 16). Umso wichtiger erscheint es, das Thema dieses Buches – den „Einsatz externer Mitarbeiter in Bundesministerien" gründlich und objektiv zu untersuchen.

Dieses Buch untersucht dabei erstens, wie sich die Anzahl der externen Mitarbeiter über die Zeit verändert hat und welche Faktoren die Anzahl der Mitarbeiter am stärksten beeinflussen. Dafür muss zunächst deskriptiv dargestellt werden, welche Ministerien wie viele Externe bislang eingesetzt haben. Die Unterschiede zwischen den Ministerien sollen, soweit möglich, erklärt werden. Die Forschungsfragen lauten: Welche Faktoren erklären die Veränderungen bei der Anzahl der ex-

---

[1] Zur Verwendung der Begriffe siehe das Kapitel über die Definition und den rechtlichen Hintergrund der externen Mitarbeiter.

© Springer Fachmedien Wiesbaden 2015
A. Maisch, *Der Einsatz externer Mitarbeiter in Bundesministerien*, essentials,
DOI 10.1007/978-3-658-08415-8_1

ternen Mitarbeiter? Welche Unterschiede bestehen zwischen den Ministerien und wie lassen sich diese erklären?

Ein zweiter Schwerpunkt der Analyse sind die Einflussmöglichkeiten der externen Mitarbeiter. Arbeiten sie an Gesetzentwürfen mit? Schreiben sie Reden für die Hausleitung? Wem arbeiten sie zu?

Drittens wird analysiert, ob das Ziel eines ressortübergreifenden gegenseitigen Personalaustauschs zwischen Verwaltung und Wirtschaft – siehe Kap. 3 – erreicht worden ist.

Für die Analyse, die den Zeitraum von 2008 bis heute berücksichtigt, ist es wichtig, die externen Personen in zwei Gruppen zu unterscheiden: Die meisten Externen sind demokratietheoretisch wenig bedenklich, da sie von bundesnahen Organisationen wie zum Beispiel dem Deutschen Zentrum für Luft- und Raumfahrt (DLR) oder dem Goethe-Institut in die Ministerien abgeordnet werden. Eine Minderheit der Externen ist aber mit Interessenkonflikten konfrontiert, da sie von Unternehmen oder Verbänden kommt.

Weshalb lohnt sich die Auseinandersetzung mit diesen Fragen? Die Forschungsfragen sind sowohl gesellschaftlich als auch wissenschaftlich relevant. Sie sind akademisch wichtig, da es an wissenschaftlichen Untersuchungen über externe Personen mangelt. Selbst Experten sind einige Punkte bei der Umsetzung einer Verwaltungsvorschrift zum Einsatz externer Personen nicht klar (vgl. Amann 2009). Die Untersuchung ist ebenso gesellschaftlich relevant. Externe Mitarbeiter in der Bundesverwaltung sind ein potenzielles Einfallstor für Partikularinteressen und Lobbyismus.

Der Autor dieses Buches befasst sich nicht zum ersten Mal mit externen Mitarbeitern. Als Journalist hat er bereits über Externe berichtet. Teilweise nutzt der Autor in dieser Untersuchung unveröffentlichte Rechercheerkenntnisse. Um die Herkunft dieser Informationen transparent zu machen, werden eigene journalistische Rechercheerkenntnisse im Unterschied zu anderen Quellen in Fußnoten zitiert. Falls Informationen aus eigenen veröffentlichten Artikeln genutzt werden, werden diese Artikel wie andere Medienberichte zitiert.

Für einige Begriffe, die in diesem Buch verwendet werden, sollten Definitionen aufgestellt werden, die bewusst kurz gehalten sind: Eine Interessengruppe ist eine Gruppe von Menschen, die durch gemeinsame Merkmale gekennzeichnet ist und in einem konkreten politischen oder sozialen Zusammenhang ihr Interesse aktiv vertritt (Lösche 2007, S. 14). Ein Verband ist eine auf Dauer angelegte Vereinigung, die versucht, staatliche Entscheidungen in ihrem Sinn zu beeinflussen (Lösche 2007, S. 19; Schütt-Wetschky 1997, S. 9). Ein Verband kann als ein Typ von Interessengruppe verstanden werden, der dem Oberbegriff Interessengruppe unterzuordnen ist (vgl. Sebaldt 1997, S. 13). Lobbying wird in dieser Untersuchung definiert als direkte und in der Regel informelle Versuche von Vertretern gesellschaftlicher Interessen, auf die Akteure des politischen Entscheidungsprozesses konkret einzuwirken, um Politikergebnisse in ihrem Sinne zu verändern. Lobbyisten wollen einen bestimmten politischen Sachverhalt beeinflussen, auch wenn ihr Handeln in eine umfassendere Strategie des öffentlichen Auftritts und der Pflege von Kontakten zur Politik eingebettet ist. Lobbying ist also ein Teil der Interessenvertretungsstrategie (Kleinfeld et al. 2007, S. 10).

Definition und rechtlicher Hintergrund von externen Mitarbeitern

Die drei Begriffe externe Person, externer Mitarbeiter und Externer werden in dieser Untersuchung synonym verwendet. Dies ermöglicht es, den Text sprachlich akzeptabler zu gestalten. In der einschlägigen Verwaltungsvorschrift und Berichten des Bundesministeriums des Innern (BMI) ist zwar von externen Personen die Rede, doch der Begriff externe Mitarbeiter ist selbsterklärender und treffender[1].

Die „Allgemeine Verwaltungsvorschrift zum Einsatz von außerhalb des öffentlichen Dienstes Beschäftigten (externen Personen) in der Bundesverwaltung", die im Folgenden einfach Verwaltungsvorschrift genannt wird, regelt den Einsatz externer Mitarbeiter. „Der Einsatz externer Personen", heißt es dort, „dient dem Personalaustausch und dem Wissenstransfer zwischen der Verwaltung und der privaten Wirtschaft sowie Einrichtungen aus Wissenschaft, Kultur und Zivilgesellschaft". In Ziffer 1, Nr. 2 der Vorschrift vom 17. Juli 2008 wird der Begriff externe Person definiert:

> Externe Person ist, wer außerhalb des öffentlichen Dienstes in einem Arbeitsverhältnis steht und vorübergehend und unter Aufrechterhaltung seines bisherigen Arbeitsverhältnisses in der Bundesverwaltung tätig ist. (Allgemeine Verwaltungsvorschrift)

Anschließend wird genauer bestimmt, was unter dem Begriff des öffentlichen Dienstes zu verstehen ist: Öffentlicher Dienst im Sinne der Vorschrift ist „die Tätigkeit im Dienste des Bundes, eines Landes, einer Gemeinde oder anderer Körper-

---

[1] Manche Medien nennen die externen Personen auch „Leihmitarbeiter" oder „Leihbeamte".

© Springer Fachmedien Wiesbaden 2015
A. Maisch, *Der Einsatz externer Mitarbeiter in Bundesministerien*, essentials,
DOI 10.1007/978-3-658-08415-8_2

schaften, Anstalten oder Stiftungen des öffentlichen Rechts oder ihrer Verbände mit Ausnahme der öffentlich-rechtlichen Religionsgesellschaften und ihrer Verbände". Doch auch juristische Personen, Gesellschaften oder andere Personenvereinigungen, die sich ausschließlich in öffentlicher Hand befinden, stehen einer Tätigkeit im öffentlichen Dienst gleich. Unternehmen im Besitz des Bundes werden also nicht erfasst. Ebenso zur Bundesverwaltung gezählt werden „zwischenstaatliche oder überstaatliche Einrichtungen, an denen der Bund, ein Land oder eine andere Körperschaft, Anstalt oder Stiftung des öffentlichen Rechts im Bundesgebiet oder ihre Verbände durch Zahlung von Beiträgen oder Zuschüssen oder in anderer Weise beteiligt sind" (Allgemeine Verwaltungsvorschrift).

Nicht immer ist eindeutig, welche Organisationen unter diese Definition fallen. So ist etwa strittig, ob der Verband der Ersatzkassen (VDEK) als ein privatrechtlicher Verein zum öffentlichen Dienst gezählt werden darf (vgl. Maisch 2012b). Im siebten und achten Bericht des BMI (2011b, S. 28, 2012a, S. 26 f.) wurden VDEK-Mitarbeiter als externe Personen aufgelistet. Nachdem mehrere Medien kritisch über die Beteiligung eines VDEK-Mitarbeiters an der Formulierung eines Gesetzentwurfs berichtet hatten (Steinmann et al. 2012; Maisch 2012a), wurde im neunten Bericht der VDEK zum öffentlichen Dienst gezählt, obwohl er ein eingetragener Verein ist. Die Begründung lautete:

> Da Ersatzkassen öffentlich-rechtliche Körperschaften sind (§ 4 Abs. 1 und 2 SGB V), fällt der VDEK als ihr Verband nicht unter den Anwendungsbereich der Verwaltungsvorschrift. Der Fall wurde daher in den neunten Bericht nicht mehr aufgenommen. (BMI 2012b, S. 4)

Ausdrücklich nicht unter den Begriff der externen Personen fallen „entgeltliche Auftragsverhältnisse, die Beratungs- oder sonstige Dienstleistungen zum Gegenstand haben, befristete Arbeitsverträge sowie Bedienstete anderer Staaten" (Allgemeine Verwaltungsvorschrift).

Der Einsatz externer Mitarbeiter ist nicht erlaubt, falls nur ein Personalmangel beseitigt werden soll. Die Externen sollen ihren Status grundsätzlich bei allen dienstlichen Innen- und Außenkontakten deutlich machen. In der von Bundeskanzlerin Angela Merkel und dem damaligen Innenminister Wolfgang Schäuble (beide CDU) unterzeichneten Verwaltungsvorschrift ist auch geregelt, dass der Einsatz Externer im Regelfall sechs Monate nicht überschreiten soll. Eine längere Einsatzdauer könne in begründeten Fällen vorgesehen werden. Dauerhafter Bedarf an Fachwissen sei nicht durch externe Personen zu decken. Gemäß Ziffer 2, Nr. 5 ist der Einsatz in folgenden Fällen „grundsätzlich nicht zulässig": der Formulierung von Gesetzentwürfen und anderen Rechtsetzungsakten, in leitenden Funktionen, in Funktionen im Leitungsbereich und in zentralen Kontrollbereichen, in Funktionen mit abschließender Entscheidungsbefugnis, in Funktionen im Zusammenhang mit der Vergabe öffentlicher Aufträge sowie in Funktionen, deren Ausübung die konkreten Geschäftsinteressen der entsendenden Stelle unmittelbar berührt. Diese Beschränkungen gelten nicht, soweit andere Rechtsvorschriften einen Einsatz in diesen Funktionen vorsehen (Allgemeine Verwaltungsvorschrift). Zum Beispiel sieht § 30, Abs. 3 des Vierten Buches Sozialgesetzbuch vor, dass Versicherungsträger wie zum Beispiel Krankenkassen die für sie zuständigen obersten Bundes- und Landesbehörden insbesondere in Fragen der Rechtsetzung kurzzeitig personell unterstützen können.

Das BMI listete bis Herbst 2014 gemäß Ziffer 5 der Verwaltungsvorschrift zweimal pro Jahr auf, welche externen Mitarbeiter in den Ministerien tätig sind. Die Informationen dafür erhebt das Innenministerium nicht selbst, sondern bekommt sie von den anderen Ressorts geliefert und fasst sie dann zusammen. Die Berichte werden an die Mitglieder des Innen- und Haushaltsausschusses des Bundestages weitergeleitet. Wie andere Ausschussdrucksachen auch, wurden die Berichte bisher nicht veröffentlicht. Zurzeit gibt es 13 Berichte, die die Zeit seit Januar 2008 erfassen. Da in dieser Untersuchung eine Inhaltsanalyse dieser Berichte durchgeführt wird, wird die auch vom BMI angewandte Definition externer Personen aus der Verwaltungsvorschrift übernommen.

Der Haushaltsausschuss des Bundestags hat am 2. April 2014 – laut Teilnehmern einstimmig – beschlossen, dass das BMI die Berichte nur noch einmal pro Jahr vorlegen muss. Die Berichte erscheinen deshalb künftig jährlich zum 30. September. Im Gegenzug sollen die Berichte in Zukunft aber im Internet veröffentlicht werden. Außerdem forderte der Haushaltsausschuss die Regierung auf, „sicherzustellen, dass Externe nur im für den Wissenstransfer erforderlichen Umfang eingesetzt werden" (BMI 2014a, S. 3; Maisch 2014).

Die Verwaltungsvorschrift gilt für alle 22 obersten Bundesbehörden und ihre Geschäftsbereichsbehörden. In diesem Buch werden jedoch nur die Ministerien inklusive Bundeskanzleramt untersucht[2].

---

[2] Wenn in dieser Untersuchung von den Ministerien die Rede ist, ist damit grundsätzlich auch das Bundeskanzleramt gemeint. Dies gilt insbesondere für die Hypothesen im sechsten Kapitel.

Kurzdarstellung der Entwicklung des Einsatzes externer Mitarbeiter

3

Im Jahr 2004 vereinbarte das BMI unter Otto Schily (SPD) das ressortübergreifende Personalaustauschprogramm „Seitenwechsel" mit der Wirtschaft, die durch die Deutsche Bank vertreten wurde. Das Programm, das ebenfalls als Austauschprogramm „Öffentliche Hand – Privatwirtschaft" bekannt ist, sollte das gegenseitige Verständnis zwischen öffentlichem Dienst und Wirtschaft verbessern und Vorbehalte abbauen. Dabei sollten nicht nur Mitarbeiter von Verbänden oder Unternehmen in die Bundesverwaltung kommen, sondern im Gegenzug auch Beamte die Wirtschaft besser kennen lernen (vgl. Bundesrechnungshof 2008, S. 19; Deutscher Bundestag 2013, S. 1). Auch wenn damit der Personalaustausch eine neue Dimension erreichte und in der Öffentlichkeit bekannter wurde, war dies keineswegs der Anfang (vgl. Bundesrechnungshof 2008, S. 48; Atzler und Dreykluft 2003; Report Mainz 2003). Zum Beispiel gibt das Bundesministerium für wirtschaftliche Zusammenarbeit und Entwicklung (BMZ) an, dass ein Personalaustausch mit dem Bundesverband der Deutschen Industrie (BDI) „seit 1997 unter verschiedensten Bundesregierungen" besteht (Deutscher Bundestag 2011, S. 2). Das Wirtschaftsministerium praktizierte im Jahr 2006 bereits seit mehr als 30 Jahren einen Personaltausch mit Wirtschaftsunternehmen und Verbänden (Deutscher Bundestag 2006b, S. 2). Der Südwestrundfunk und die Financial Times hatten bereits 2003 berichtet, dass externe Mitarbeiter, die unter anderem bei der Deutschen Börse, dem Bundesverband Investment und Asset Management und dem Bundesverband deutscher Banken angestellt waren, Gesetzentwürfe und Verordnungen formulierten, die ihre eigenen Arbeitgeber betrafen (Atzler und Dreykluft 2003; Report Mainz 2003).

Neben dem gegenseitigen Personalaustausch gibt es einen zweiten Grund für Ministerien, externe Mitarbeiter einzusetzen: spezifisches Fachwissen, das tempo-

© Springer Fachmedien Wiesbaden 2015
A. Maisch, *Der Einsatz externer Mitarbeiter in Bundesministerien,* essentials,
DOI 10.1007/978-3-658-08415-8_3

rär benötigt wird (vgl. Allgemeine Verwaltungsvorschrift). In diesem Fall müssen die Externen selbstverständlich nicht unbedingt aus der Wirtschaft kommen, auch andere Organisationen kommen infrage.

Da der moderne Staat bei der Politikformulierung auf die Kooperation mit gesellschaftlichen Gruppen angewiesen ist (Kleinfeld et al. 2007, S. 11; Lahusen 2004, S. 778), ist die Beteiligung von Fachkreisen und Verbänden durch mehrere Geschäftsordnungen ausdrücklich vorgesehen. Als ein Beispiel sei § 47, Abs. 3 der Gemeinsamen Geschäftsordnung der Bundesministerien (GGO) genannt, demzufolge Zentral- und Gesamtverbände sowie Fachkreise, die auf Bundesebene bestehen, bei Gesetzentwürfen beteiligt werden können. Der Einsatz von externen Mitarbeitern ist also nur eine Möglichkeit, externes Fachwissen einzubeziehen.

Obwohl externe Mitarbeiter offensichtlich schon seit langer Zeit in Ministerien entsendet wurden (vgl. Bundesrechnungshof 2008, S. 48; Atzler und Dreykluft 2003; Report Mainz 2003), wurde dies der breiten Öffentlichkeit erst im Oktober 2006 durch Berichte des ARD-Magazins „Monitor" bekannt. „Monitor" (2006) berichtete, dass neuerdings Lobbyisten in den Ministerien eigene Büros haben – „Tür an Tür mit Regierungsbeamten". Die Lobbyisten würden an Gesetzen mitschreiben, aber während dieser Zeit weiterhin von ihren Unternehmen bezahlt werden. Die Berichterstattung zeigte das Ausmaß der Externen-Einsätze und welchen erheblichen Einfluss die Externen teilweise hatten. Dafür erhielt das Magazin 2007 den Adolf-Grimme-Preis. Die Berichte von „Monitor" und anderer Medien führten dazu, dass die Opposition parlamentarische Anfragen stellte und der Bundesrechnungshof (2008) die Mitarbeit von Beschäftigten aus Verbänden und Unternehmen in obersten Bundesbehörden prüfte. In den Jahren 2004 bis 2006 schwankte die Anzahl der externen Beschäftigten laut Bundesrechnungshof (2008, S. 17) zwischen 88 und 106 Personen. Manche Externe hatten herausgehobene Aufgaben wahrgenommen – waren zum Beispiel an der Formulierung von Gesetzentwürfen und Vergabeverfahren beteiligt. In Einzelfällen wurden Führungsfunktionen wie die Leitung eines Referats wahrgenommen (Bundesrechnungshof 2008, S. 23, 33 f.). In einigen Bereichen bestanden erhöhte Risiken von Interessenkonflikten (Bundesrechnungshof 2008, S. 6). Der Bundesrechnungshof (2008, S. 8–11) empfahl deshalb, einen einheitlichen Rahmen für den Einsatz externer Beschäftigter festzulegen. Temporärer oder dauerhafter Personalmangel dürfe den Einsatz von Externen nicht rechtfertigen. Bestimmte Aufgaben wie die federführende Formulierung von Gesetzen oder die Vergabe öffentlicher Aufträge sollten den Externen nicht überlassen werden.

Daraufhin erließ die Bundesregierung im Juli 2008 die Allgemeine Verwaltungsvorschrift zum Einsatz von außerhalb des öffentlichen Dienstes Beschäftigten (externen Personen) in der Bundesverwaltung.

Kritik am Einsatz externer Mitarbeiter 4

Um die Relevanz und teilweise Brisanz der externen Mitarbeiter deutlich zu machen, ist es sinnvoll, die vielfältige Kritik am Einsatz externer Mitarbeiter kurz zusammenzufassen.

Zunächst fehlt es externen Mitarbeitern demokratietheoretisch an einer unmittelbaren Legitimation dafür, sich an der Formulierung von Rechtsakten oder der Erarbeitung von Positionen eines Ministeriums zu beteiligen. Sie sind weder gewählt noch von den Volksvertretern beauftragt, tätig zu werden. Sie können ihre Legitimation allenfalls aus der Existenz der Verwaltungsvorschrift und dem jeweiligen Auftrag der Bundesbehörde, die den Externen aufnimmt, ableiten. Es erscheint fragwürdig, wenn Externe die Außenwirkung eines Ministeriums mitprägen, indem sie beispielsweise Reden und Grußworte schreiben (BMI 2008, S. 9), wie ein BDI-Mitarbeiter „Beiträge [...] zu Reden für die Leitungsebene leisten" (BMI 2012a, S. 20) oder wie ein VDEK-Angestellter das „Anfertigen von Vermerken und Reden für die Hausleitung zu den Themen des Einsatzbereichs" als Tätigkeit haben (BMI 2012a, S. 27).

Die Anti-Lobbyismus-Initiative LobbyControl fordert, die Beschäftigung externer Mitarbeiter in Ministerien vollständig zu beenden. Solange Externe aber eingesetzt werden, sollten zumindest die Berichte des BMI veröffentlicht werden. Denn Externe, die von Unternehmen bezahlt werden, seien Diener zweier Herren (vgl. auch Hartmann 2014, S. 34 f.). So würden Mitarbeiter von Unternehmen und Verbänden direkt oder indirekt an Gesetzen mitwirken, die eigentlich ihre Unternehmen regulieren sollen (Amann 2009; LobbyControl 2014; Maisch 2012a, b, 2013, 2014).

© Springer Fachmedien Wiesbaden 2015   11
A. Maisch, *Der Einsatz externer Mitarbeiter in Bundesministerien*, essentials,
DOI 10.1007/978-3-658-08415-8_4

Interessenkonflikte bedrohen die Unparteilichkeit der Verwaltung. Deshalb schließen die § 20 und 21 des Verwaltungsverfahrensgesetzes die Mitwirkung befangener Personen aus. Bereits der Anschein möglicher Parteilichkeit soll vermieden werden. In diesem Zusammenhang schreibt der Bundesrechnungshof (2008, S. 15) in seinem Bericht, die Grenze des Neutralitätsgebots sei dort überschritten, wo Zweifel an der unparteilichen Aufgabenwahrnehmung staatlicher Einrichtungen aufkommen.

Besonders bedenklich ist, dass es offenbar zu Verstößen gegen die Verwaltungsvorschrift gekommen ist: Im Jahr 2011 war als Tätigkeit eines VDEK-Angestellten im Gesundheitsministerium „Entwurf Versorgungsgesetz" angegeben – nicht mehr und nicht weniger (BMI 2011b, S. 28, 2012a, S. 26). Doch bei der „Formulierung von Gesetzesentwürfen und anderen Rechtsetzungsakten" ist der Einsatz externer Personen laut der einschlägigen Verwaltungsvorschrift grundsätzlich nicht zulässig (Allgemeine Verwaltungsvorschrift; vgl. Steinmann et al. 2012). Der Staats- und Verwaltungsrechtler Ulrich Battis bestätigte im Gespräch mit der Tageszeitung taz, dass es sich um einen Verstoß handelt (Maisch 2012a).

Ferner gibt es grundsätzliche juristische Bedenken. So kommt Bernd J. Hartmann (2014, S. 35 f., 41) zu dem Schluss, dass der Einsatz der externen Mitarbeiter, wie ihn die Verwaltungsvorschrift vorsieht, gegen das Rechtsstaatsprinzip verstößt und verfassungswidrig ist. Es fehle an „neutraler und damit an wirksamer Kontrolle". Hartmann (2014, S. 43–45) macht mehrere Vorschläge für einen verfassungskonformen Einsatz von Externen, darunter mehr Transparenz und eine strengere Risikoprüfung durch eine unabhängige Instanz.

Ein weiterer Kritikpunkt ist, dass der Einsatz von Externen zu einem asymmetrischen Zugang von Unternehmen und Verbänden zu Ministerien führt (LobbyControl 2014). „Es ist kritisch, dass einzelne Organisationen wie der BDI einen privilegierten Zugang in die Ministerien haben, andere Organisationen wie Umweltverbände hingegen nicht", sagte Timo Lange, Mitarbeiter von LobbyControl im Berliner Büro (Maisch 2013).

Forschungsstand

Bisher gibt es zu externen Mitarbeitern in Ministerien so gut wie keine wissenschaftlichen Untersuchungen (vgl. Adamek und Otto 2008, S. 13; Hartmann 2014, S. 16). Es existiert zwar ein Evaluationsbericht der Hertie School of Governance (Fiedler und Hertie School of Governance 2006) im Auftrag von BMI und Deutscher Bank, doch dieser erhebt vor allem die persönlichen Erfahrungen von Teilnehmern des Austauschprogramms „Seitenwechsel". Theorien und Hypothesen werden dort nicht getestet.

Diese Forschungslücke hat ihre Ursache sicher auch darin, dass die Berichte des BMI über externe Mitarbeiter bisher nicht veröffentlicht wurden und somit der Öffentlichkeit nicht unmittelbar zugänglich sind.

Die Financial Times Deutschland schrieb im Jahr 2012, Verbandsmitarbeiter seien vor allem in FDP-geführten Ministerien zu finden. CDU-geführte Ministerien würden zwar auch externe Personen einsetzen, aber nur wenige Verbandsmitarbeiter (Steinmann et al. 2012).

Vor diesem Hintergrund ist es interessant, dass die Bundestagsfraktionen jeweils andere personelle Verflechtungen mit Verbänden aufweisen. So sind unter den Mitgliedern der Unionsfraktion überdurchschnittlich viele Vertreter von Vertriebenenverbänden, Unternehmerverbänden, Mittelstandsorganisationen, Sportvereinen, katholischen Organisationen und des Bauernverbands. Die SPD hat ihren Schwerpunkt bei Gewerkschaften, sozialpolitischen Interessenvertretern und evangelischen Organisationen. Indessen ist die FDP besonders stark mit wirtschafts-, agrar- und umweltpolitischen Vereinigungen verflochten (Reutter 2001a, S. 94 f.). Die meisten Gewerkschaftsfunktionäre finden sich bei der SPD-Fraktion. Bei Bündnis 90/Die Grünen haben überdurchschnittlich viele Bundestagsmitglieder Funktionen

© Springer Fachmedien Wiesbaden 2015
A. Maisch, *Der Einsatz externer Mitarbeiter in Bundesministerien*, essentials,
DOI 10.1007/978-3-658-08415-8_5

in Umweltorganisationen und ideell-politischen Organisationen wie Bürgerinitia-
tiven. Interessenvertreter der Unternehmer, des Mittelstands oder der Freiberufler
sind fast ausschließlich bei Union und FDP (Ismayr 2000, S. 73–75). Mit diesen
Erkenntnissen können im folgenden Kapitel Hypothesen aufgestellt werden.

Der wichtigste Adressat von Lobbyisten und organisierten Interessen ist laut der
wissenschaftlichen Literatur die Ministerialverwaltung. Denn haben die Gesetzentwürfe einmal das zuständige Referat, in dem sie geschrieben wurden, verlassen,
lassen sie sich nur noch schwer ändern. Die eigentliche Gesetzgebung findet in
parlamentarischen Regierungssystemen in den Ministerien statt (vgl. von Alemann
1987, S. 175; Lösche 2007, S. 66–70; Sebaldt 1997, S. 29, 254 ff.). Das Parlament
spielt eher eine Nebenrolle (vgl. Speth 2006, S. 100–102). So schreibt Peter Lösche:

> Selbst Gesetzesberatungen in den Ausschüssen des Parlaments oder öffentliche par-
> lamentarische Anhörungen führen nur selten zur grundlegenden Revision von Ent-
> würfen [für Gesetze oder Verordnungen]. (Lösche 2007, S. 66)

Martin Sebaldt (1997, S. 29, 254 ff.) stellt in einer Monographie über deutsche
Verbände fest, es sei „unbestritten, dass die Verwaltung mittlerweile prominen-
tester und gleichzeitig unmittelbarer Ansprechpartner organisierter Interessen ist".
Sebaldt befragte Hunderte Verbände. Die wichtigste politische Institution waren
laut den Antworten im Schnitt die Bundesministerien, gefolgt von den Medien.

Auch Fallstudien zu einzelnen Rechtsakten zeigen, wie wichtig es für Verbände
ist, möglichst frühzeitig in der Phase des Referentenentwurfs beim federführen-
den Ministerium vorstellig zu werden (Damaschke 1986, S. 34; Gründinger 2012,
S. 93).

Diese Erkenntnisse machen deutlich, dass es für Unternehmen und Verbände
attraktiv ist, Mitarbeiter in Ministerien zu entsenden, damit diese sich dort an der
Politikformulierung beteiligen und persönliche Kontakte aufbauen können.

Zugleich sind Verbände auch aus Sicht der Ministerien wichtige Ansprechpartner: Interessengruppen wie Verbände sind intermediäre Instanzen, die zwischen
Staat und Gesellschaft vermitteln und verschiedene Standpunkte in die Politikformulierung einbringen. Politiker sind bei ihren Entscheidungen auf Informationen,
Analysen und Bewertungen angewiesen, die sie nicht aus ihren parlamentarischen
oder ministeriellen Mitarbeiterstäben, Ausschüssen oder Beiräten beziehen können. Oft benötigen Politiker – und Ministerien – deshalb die Rückmeldung betrof-
fener Kreise, um nicht bedachte Auswirkungen und Konflikte zu berücksichtigen.
Zugleich sollen Kompromisse zwischen verschiedenen gesellschaftlichen Gruppen eine Diktatur der Mehrheit vermeiden (Lahusen 2004, S. 787).

Staatssekretäre von Bundesministerien geben an, dass sie Lobbyisten als „wertvolle Lieferanten von Informationen" sehen (Speth 2006, S. 106 f.). In einer Untersuchung von Axel Murswieck (1975, S. 79–88) nannten die Beamten Verbände sehr häufig als wichtigste Informationsquelle außerhalb des Regierungsapparats. Diese Befunde stehen im Einklang mit der Pluralismustheorie, die eine Beteiligung von Interessengruppen am politischen Willensbildungsprozess als notwendig betrachtet, um gesellschaftliche Interessen zu integrieren und Entscheidungen zu legitimieren. Das Gemeinwohl, so Ernst Fraenkel (1991a, S. 240), lässt sich nicht a priori bestimmen, sondern muss sich erst durch das autonome und öffentliche Kräftespiel der verschiedenen Interessengruppen ergeben. Die Beteiligung von Interessengruppen, die Sachverstand besitzen, verbessert aus dieser Perspektive heraus die Qualität politischer Entscheidungen (vgl. Reutter 2001b, S. 18).

Die Pluralismustheorie setzt im Übrigen ein sogenanntes Waffengleichgewicht zwischen den Interessengruppen voraus, die der Staat Fraenkel (1991b, S. 358) zufolge sicherzustellen hat. Der Einfluss der Bevölkerungskreise, die nicht imstande sind, ausreichend machtvolle Verbände zu bilden, dürfe nicht zu kurz kommen. Die empirische Forschung hat jedoch eine Asymmetrie bei den Zugangsmöglichkeiten zur Politik herausgearbeitet, die dem Konzept des Waffengleichgewichts widerspricht: Vor allem die großen, konfliktfähigen Wirtschaftsverbände und Gruppierungen verfügen über einen privilegierten Zugang zur Politik. Kleine, gut organisierte Gruppen werden ebenfalls bevorzugt, während öffentliche Interessen und soziale Randgruppen benachteiligt werden (Schmid 1998, S. 37 f.; von Winter 2007; Zohlnhöfer 1999, S. 153–155).

Theoretische Grundlagen und Hypothesen

Bei den Hypothesen, die in diesem Kapitel formuliert werden, ist zu beachten, ob diese für alle Externen gelten oder nur für diejenigen Externen, die von Verbänden und Unternehmen entsendet werden.

Für Hypothesen über Unterschiede beim Einsatz externer Mitarbeiter ist die Parteiendifferenz-Theorie hilfreich. Sie postuliert einen engen Zusammenhang zwischen den Inhalten der Staatstätigkeit und den parteipolitischen Anschauungen der Regierungsparteien. Parteien, vor allem Regierungsparteien, betrachtet die Theorie als überaus wichtige politische Akteure. Sie erkennt und erklärt programmatische und soziokulturelle Differenzen zwischen den Parteien. Dementsprechend wird davon ausgegangen, dass sich die Parteien inhaltlich-politisch voneinander unterscheiden und eine Politik im Sinne ihrer Wähler-Klientelen betreiben (vgl. Hibbs 1977; Schmidt 1995, S. 581 f.).

Im Untersuchungszeitraum, das heißt seit dem Jahr 2008, waren CDU/CSU, SPD und FDP an der Bundesregierung beteiligt. Da die Ministerien von Politikern der Regierungsparteien geleitet werden, dürften zwischen den Ministerien je nach parteipolitischer Färbung Unterschiede bestehen – sowohl zwischen verschiedenen Ministerien mit Ministern unterschiedlicher Parteien als auch innerhalb desselben Ministeriums, das im Laufe der Zeit von Ministern unterschiedlicher Parteien geleitet wurde. Im fünften Kapitel wurden wissenschaftliche Erkenntnisse über die Verflechtung von Fraktionen beziehungsweise Parteien mit Verbänden beschrieben. Diesen Erkenntnissen zufolge ist zu erwarten, dass die Ministerien vor allem mit den Verbänden und Unternehmen kooperieren, die der Partei des Ministers und Staatssekretärs nahestehen. Die Ministerien sollten also Externe aus unterschiedlichen Organisationen einsetzen. Daraus ergibt sich die erste Hypothese:

© Springer Fachmedien Wiesbaden 2015
A. Maisch, *Der Einsatz externer Mitarbeiter in Bundesministerien*, essentials,
DOI 10.1007/978-3-658-08415-8_6

> Wenn Ministerien externe Mitarbeiter von Interessengruppen oder Unternehmen ein-
> setzen, dann setzen sie vor allem Mitarbeiter von denjenigen Interessengruppen oder
> Unternehmen ein, die mit der Partei der politischen Führung des Ministeriums ver-
> flochten sind.

Aus der oben genannten Asymmetrie bei den Zugangsmöglichkeiten zur Politik (Schmid 1998, S. 37 f.; von Winter 2007; Zohlnhöfer 1999, S. 153–155) lässt sich eine zweite Hypothese ableiten:

> Wenn Ministerien externe Mitarbeiter von Verbänden einsetzen, dann vorrangig von
> den großen Wirtschaftsverbänden und Gruppierungen und kaum von Verbänden, die
> sich für soziale Randgruppen engagieren.

Bei der Forschungsfrage, welche Einflussmöglichkeiten Externe haben, helfen die politikwissenschaftlichen Theorien nicht, zumal es bisher an wissenschaftlichen Erkenntnissen zu externen Mitarbeitern fehlt. Hier ist zunächst eine deskriptive Darstellung der Einflussmöglichkeiten geboten. Da sich die Ministerien aber im deutschen Rechtsstaat an Gesetze, Verordnungen, Richtlinien und Verwaltungs-vorschriften halten müssen, sollten die Vorgaben der Verwaltungsvorschrift streng eingehalten werden. Da die Verwaltungsvorschrift zahlreiche sensible Tätigkei-ten (grundsätzlich) ausschließt, sollten die Einflusspotenziale der Externen sehr begrenzt sein. Es ist deshalb zu erwarten, dass die Externen seit Beschluss der Verwaltungsvorschrift keine Aufgaben übernommen haben, die diese ausschließt. Es ist außerdem nicht zu erwarten, dass die externen Mitarbeiter Tätigkeiten aus-üben, welche die inhaltlichen Positionen des Ministeriums mitbestimmen oder die Außenwirkung des Ministeriums beeinflussen. Diese Überlegungen führen zur dritten Hypothese, die nicht nur für die Mitarbeiter von Verbänden oder Unterneh-men, sondern für alle Externen gilt:

> Durch die starke Beschränkung der Tätigkeiten von externen Mitarbeitern durch die
> Verwaltungsvorschrift ist das Einflusspotenzial der externen Mitarbeiter deutlich
> begrenzt und in der Praxis eher gering.

Forschungsdesign

7

Diese Untersuchung nutzt ein methodenverbindendes Forschungsdesign. Die erste angewandte Methode ist eine Inhaltsanalyse der bislang 13 Berichte über den Einsatz externer Personen in der Bundesverwaltung. Dabei wurden die 13 Dokumente sowohl quantitativ als auch qualitativ untersucht. Die zweite genutzte Methode sind Experteninterviews mit Personen aus den entsendenden Organisationen und den aufnehmenden Bundesministerien.

Da die Informationen für die Berichte von den Ministerien selbst stammen und eine Berichtspflicht an die Bundestagsausschüsse besteht, kann zunächst davon ausgegangen werden, dass die Informationen vollständig und wahrheitsgemäß sind. Positiv ist ferner, dass es zahlreiche Messzeitpunkte gibt und durch die Berichtspflicht eine Vollerhebung – statt einer Stichprobe – gewährleistet ist. Außer den Berichten werden auch mehrere Bundestags-Drucksachen, die sich mit dem Thema befassen, berücksichtigt.

Da die Berichte des BMI mit dem Jahr 2008 beginnen, wurde als Untersuchungszeitraum ebenfalls die Zeit seit Januar 2008 ausgewählt.

Für die Inhaltsanalyse war es notwendig, Analyse-Kategorien und Codierregeln festzulegen. Kategorien sind Ordnungsschemata, die zur Erfassung des Untersuchungsgegenstands genutzt werden. Die Codierregeln beschreiben, wie der untersuchte Inhalt – zum Beispiel ein Ministerium oder ein externer Mitarbeiter – einer Kategorie zugeordnet wird.

In dieser Untersuchung werden folgende Kategorien verwendet: die Häufigkeit der Externen, die Einflussmöglichkeiten (oder Einflusspotenziale) der Externen und der Personalaustausch. Die Kategorien haben verschiedene Ausprägungen.

© Springer Fachmedien Wiesbaden 2015
A. Maisch, *Der Einsatz externer Mitarbeiter in Bundesministerien*, essentials,
DOI 10.1007/978-3-658-08415-8_7

Die Häufigkeit der Externen wird durch ihre Anzahl gemessen, indem die Externen in den Berichten gezählt werden. Dann werden diese Zahlen in vier Abstufungen codiert: „keine Externen", „wenige Externe", „mittelmäßig viele Externe" und „viele Externe" (siehe Analyse). Externe, die aufgrund eines längerfristigen Einsatzes in mehreren Berichtszeiträumen tätig waren, werden für alle diese Zeiträume mitgezählt und nicht nur in dem Zeitraum, in dem sie erstmals in einem Bericht auftauchen. Falls ein Bericht Nachmeldungen für frühere Berichtszeiträume enthält, werden diese Externen den entsprechenden Berichten hinzugezählt. Die Mitarbeiter des VDEK hat der Autor nur für die Zeiträume mitgezählt, in denen sie noch vom BMI aufgelistet wurden (vgl. BMI 2012b, S. 4).

Der Personalaustausch wird in zwei Ausprägungen codiert: „einseitiger Personalaustausch" und „gegenseitiger Personalaustausch". Ein gegenseitiger Personalaustausch liegt vor, wenn ein Ministerium in annähernd gleichem Ausmaß, wie es Externe aufnimmt, selbst Ministerialbeamte zu den Austauschpartnern abordnet. Falls ein Ministerium nur oder fast nur selbst Externe aufnimmt, wird dies als ein einseitiger Personalaustausch codiert.

Wegen der erheblichen Schwierigkeiten, tatsächlichen Einfluss zu messen (vgl. Damaschke 1986, S. 12–16; Adam 1977, S. 19, 22–25), wurde darauf verzichtet. Stattdessen wurden die Einflussmöglichkeiten oder -potenziale der Externen erforscht. Die Tätigkeiten der Externen lassen sich dafür vereinfacht in zwei Stufen unterteilen: geringe Einflussmöglichkeiten und hohe Einflussmöglichkeiten.

Um zusätzliche Informationen zu erlangen, hat der Autor teilstrukturierte Experteninterviews geführt. Dafür wurden Mitarbeiter vom Auswärtigen Amt, Bildungsministerium, Gesundheitsministerium, Justizministerium, Wirtschaftsministerium, BMZ sowie dem Bundesamt für Naturschutz (BfN) um Interviews gebeten. Damit die Perspektive der Verbände nicht fehlt, wurden ebenso der Naturschutzbund Deutschland (NABU), der BDI, der VDEK und die Gewerkschaft IG Metall um Gespräche gebeten. Bei der Auswahl der Ministerien wurde darauf geachtet, sowohl Ministerien mit vielen Externen als auch Ministerien mit wenigen Externen zu befragen. Die Bereitschaft zu Interviews war insgesamt leider gering. Immerhin vier Experteninterviews kamen zustande: mit dem NABU, dem VDEK, dem Bundesministerium der Justiz (BMJ) und dem BMZ. Die Interview-Fragen waren neutral und offen formuliert; Zustimmungs- und Suggestivfragen wurden vermieden.

Die Journalisten Sascha Adamek und Kim Otto (2008, S. 78, 119) des ARD-Magazins „Monitor" hatten bei dem Versuch, mit Ministerien oder den Externen selbst über deren Tätigkeiten zu sprechen, ebenfalls Interview-Absagen erhalten.

Analyse der Entwicklungen beim Einsatz externer Mitarbeiter

Die Analyse besteht aus drei Teilen. Im ersten Teil werden die Anzahl der externen Mitarbeiter und die Stellen, die sie entsenden, behandelt. Hier werden die ersten beiden Hypothesen überprüft. Der zweite Teil befasst sich mit den Einflussmöglichkeiten und der dritten Hypothese. Der dritte Teil widmet sich der Frage, ob man von einem gegenseitigen Personalaustausch zwischen Bundesministerien und Wirtschaft sprechen kann.

8.1 Ursachen für die Varianz bei der Anzahl der externen Mitarbeiter

Die Tab. 8.1 verschafft einen Überblick über die Anzahl der Externen im Untersuchungszeitraum. Für die Spalte mit der Gesamtzahl der Externen wurden die entsprechenden Angaben der Berichte um Nachmeldungen korrigiert. In dieser Spalte sind alle Externen mitgezählt, auch diejenigen, die in nachgeordneten Behörden (Geschäftsbereichsbehörden) eines Ministeriums tätig waren. Die Anzahl der Externen schwankte zwischen 39 und 70 Personen. Zu sehen ist, dass die Anzahl der obersten Bundesbehörden, die Externe beschäftigten, von elf auf inzwischen fünf gesunken ist. Zwischenzeitlich hatten sogar nur vier von 22 obersten Bundesbehörden externe Mitarbeiter beschäftigt. Ministerien, die ausschließlich in ihren Geschäftsbereichsbehörden Externe hatten, sind nicht mitgezählt. Die obersten Bundesbehörden, die Externe einsetzten, waren entweder Ministerien oder das Bundeskanzleramt. Andere oberste Bundesbehörden wie zum Beispiel der Beauftragte der Bundesregierung für Kultur und Medien, das Presse- und Informationsamt der

© Springer Fachmedien Wiesbaden 2015
A. Maisch, *Der Einsatz externer Mitarbeiter in Bundesministerien*, essentials,
DOI 10.1007/978-3-658-08415-8_8

Tab. 8.1 Externe in obersten Bundesbehörden. Eigene Zählungen. Datenquelle: Berichte des Innenministeriums über den Einsatz externer Personen

Berichtszeitraum	Anzahl der Externen		Anzahl der obersten Bundesbehörden mit Externen	Anzahl der Externen aus Unternehmen, Wirtschaftsverbänden und Gewerkschaften	Regierungsparteien
	(Inklusive Geschäftsbereichsbehörden)	(Ohne Geschäftsbereichsbehörden)	(Ohne Geschäftsbereichsbehörden)	(Ohne Unternehmen, die Projektträger sind und ohne Geschäftsbereichsbehörden)	
1. Berichtszeitraum: 01. Januar 2008–31. August 2008	58 laut Bericht, zusätzlich später Nachmeldungen jedoch 61	11 von 22 obersten Bundesbehörden	16 (inklusive 1 Nachmeldung)		Union und SPD
2.: 1. September 2008–31. Januar 2009	46 laut Bericht, zusätzlich später Nachmeldungen jedoch 49	10	4 (inklusive 1 Nachmeldung)		Union und SPD
3.: 1. Februar–30. Juni 2009	49 laut Bericht, abzüglich zweier Nachmeldungen, die nur einen früheren Zeitraum betreffen, jedoch 47	7	1		Union und SPD
4.: 1. Juli–31. Dezember 2009	46	4	1		Union und SPD, ab 28. Oktober Union und FDP
5.: 1. Januar–30. Juni 2010	53	4	1		Union und FDP
6.: 1. Juli–31. Dezember 2010	56	5	2		Union und FDP
7.: 1. Januar–30. Juni 2011	62	5	3		Union und FDP

Tab. 8.1 Fortsetzung

Berichtszeitraum	Anzahl der Externen (Inklusive Geschäftsbereichsbehörden)	Anzahl der obersten Bundesbehörden mit Externen (Ohne Geschäftsbereichsbehörden)	Anzahl der Externen aus Unternehmen, Wirtschaftsverbänden und Gewerkschaften (Ohne Unternehmen, die Projektträger sind und ohne Geschäftsbereichsbehörden)	Regierungsparteien
8.: 1. Juli–31. Dezember 2011	70	5	5	Union und FDP
9.: 1. Januar–30. Juni 2012	62	5	2	Union und FDP
10.: 1. Juli–31. Dezember 2012	48	5	2	Union und FDP
11.: 1. Januar–30. Juni 2013	39	4	1	Union und FDP
12.: 1. Juli–31. Dezember 2013	39	4	1	Union und FDP; ab 17. Dezember Union und SPD
13.: 1. Januar–30. Juni 2014	42	5	0	Union und SPD

Bundesregierung, die Verwaltung des Bundestags oder der Bundesrat setzten über den gesamten Untersuchungszeitraum hinweg keine externen Mitarbeiter ein. Für die vorletzte Spalte wurde gezählt, wie viele Externe von privaten Unternehmen, Wirtschaftsverbänden und Gewerkschaften entsendet wurden. Externe aus den Geschäftsbereichsbehörden wurden nicht mitgezählt. Ebenso nicht gezählt wurden Unternehmen, die zugleich Projektträger eines Ministeriums waren. Offensichtlich sind seit September 2008 nur noch wenige Externe aus dem Wirtschaftssektor tätig, obwohl die Gesamtzahl der Externen relativ konstant geblieben ist. Die letzte Spalte gibt an, welche Parteien an der Bundesregierung beteiligt waren. Dabei ist anzunehmen, dass eventuelle Folgen des Regierungswechsels im Oktober 2009 erst ab dem fünften Berichtszeitraum zu erkennen sind. Im vierten Berichtszeitraum regierte teilweise noch die Große Koalition. Es ist zudem nicht anzunehmen, dass der Personalaustausch für die neue Regierung oberste Priorität gehabt hätte. Analog dazu dürfte sich der Regierungswechsel im Herbst 2013 frühestens ab dem 13. Bericht auswirken.

Zusammen haben die 13 Berichte einen Umfang von 744 Seiten. Addiert man die Externen in jedem der 13 Berichtszeiträume, ergibt dies 674 Fälle.

Wer die Anzahl aller externen Personen betrachtet, stellt fest: Allzu große, plötzliche Veränderungen gab es nicht. Und vor Bundestagswahlen war die Zahl der Externen relativ niedrig. Anhand von Abb. 8.1 lässt sich diese Entwicklung

Anzahl externer Mitarbeiter

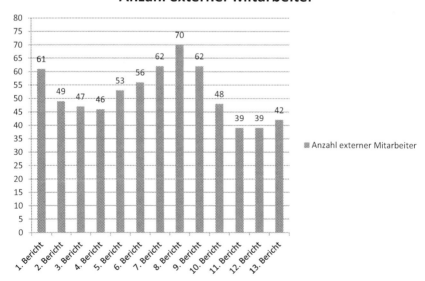

Abb. 8.1 Anzahl aller externen Mitarbeiter seit Januar 2008. Eigene Zählung und Darstellung. Datenquelle: Berichte des Innenministeriums über den Einsatz externer Personen

nachvollziehen. Die meisten Externen waren im achten Berichtszeitraum, dem zweiten Halbjahr 2011, beschäftigt. Die wenigsten Externen – 39 – gab es im Bundestagswahljahr 2013, nach der Wahl stieg die Anzahl wieder auf zuletzt 42 Personen leicht an. Vom Jahr 2013 abgesehen, gab es die wenigsten Einsätze im zweiten Halbjahr 2009, in dem ebenfalls eine Bundestagswahl stattfand. Im vorangegangenen und darauffolgenden Halbjahr waren es jedoch nur eine beziehungsweise sieben Personen mehr. Nach der Bundestagswahl stieg die Anzahl wieder an. Dieses Muster könnte mit dem Ende der Legislaturperiode und auslaufenden Aufgaben zusammenhängen.

Abbildung 8.2 veranschaulicht, wie sich die Anzahl der Bundesbehörden, die externe Personen aufgenommen haben, entwickelt hat. Dabei sind nur Einsätze in den Ministerien selbst berücksichtigt, Externe in den nachgeordneten Bereichen eines Ministeriums wurden für diese Abbildung nicht berücksichtigt: 14 der 22 obersten Bundesbehörden sind Ministerien und werden in diesem Buch deshalb ausführlicher untersucht. Das Bundeskanzleramt gehört ebenfalls zum Untersuchungsgegenstand. Abbildung 8.2 zeigt, dass während des ersten und zweiten Berichtszeitraums – zwischen Januar 2008 und Januar 2009 – eine Mehrheit der Ministerien externe Mitarbeiter eingesetzt hat. Im dritten Berichtszeitraum war es die Hälfte der Ministerien, seither ist es nur noch eine Minderheit.

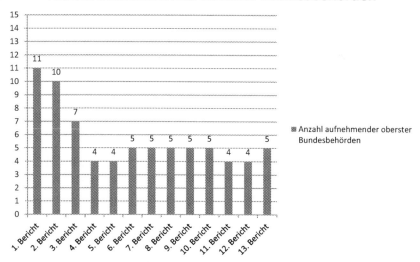

Anzahl aufnehmender oberster Bundesbehörden

Abb. 8.2 Anzahl der obersten Bundesbehörden, die seit Januar 2008 externe Mitarbeiter aufgenommen haben. Einsätze in nachgeordneten Behörden sind nicht mitgezählt. Eigene Zählung und Darstellung. Datenquelle: Berichte des Innenministeriums über den Einsatz externer Personen

Der erste Bericht des BMI ist bezüglich der Einsätze von Externen aus der Wirtschaft besonders spannend. Inklusive einer Nachmeldung waren im ersten Berichtszeitraum 16 Mitarbeiter aus Unternehmen, Wirtschaftsverbänden und Gewerkschaften in Ministerien tätig (vgl. BMI 2008, 2009a, S. 32). Im zweiten Berichtszeitraum waren es nur noch vier Externe aus der Wirtschaft, die vom Bundesverband der Deutschen Volksbanken und Raiffeisenkassen, BASF, den Berliner Wasserbetrieben und der Deutschen Bank kamen (vgl. BMI 2009a, S. 24, b). Tabelle 8.1 zeigt, wie sich die Anzahl der Externen aus der Wirtschaft seitdem entwickelt hat. Im Zeitraum des 13. Berichts kam erstmals kein einziger Externer aus einem Unternehmen oder einem Verband.

Betrachtet man alle Externen und nicht nur die Externen aus dem Wirtschaftssektor, entsendet das DLR mit Abstand die meisten externen Mitarbeiter. Auf Platz zwei folgt das Goethe-Institut.

Um die Verteilung der Externen auf die obersten Bundesbehörden übersichtlich darzustellen, wurde die Anzahl in vier Häufigkeitsausprägungen codiert.

Zehn oberste Bundesbehörden, darunter drei Ministerien, hatten während des gesamten Untersuchungszeitraums „keine Externen": das Ministerium für Ernährung, Landwirtschaft und Verbraucherschutz, das Ministerium für Verkehr, Bau und Stadtentwicklung, das Verteidigungsministerium, das Bundespräsidialamt, der Beauftragte der Bundesregierung für Kultur und Medien, das Presse- und Informationsamt der Bundesregierung, der Deutsche Bundestag, der Bundesrat, das Bundesverfassungsgericht und die Präsidialabteilung (der Verwaltungsbereich) des Bundesrechnungshofes.

Acht oberste Bundesbehörden hatten „wenige Externe", das heißt in allen 13 Berichten insgesamt bis zu 13 externe Mitarbeiter: das Bundeskanzleramt, das Finanzministerium, das Ministerium für Arbeit und Soziales, das Ministerium für Familie, Senioren, Frauen und Jugend, das Ministerium für Umwelt, Naturschutz und Reaktorsicherheit, das BMI, das BMJ und das BMZ. Letzteres gehört mit zwölf Externen noch knapp zu den Ministerien, die im Schnitt höchstens einen Externen pro Bericht einsetzten.

Zwei Ministerien hatten zwischen 14 bis 65 Externe und damit „mittelmäßig viele": das Wirtschaftsministerium und das Gesundheitsministerium. Das Wirtschaftsministerium hatte 30 Externe, das Gesundheitsministerium 40.

Nur zwei Ministerien nahmen pro Bericht im Schnitt mehr als fünf Externe auf und hatten somit „viele Externe": das Auswärtige Amt und das Bildungsministerium. Beide überschreiten die Grenze von 65 externen Mitarbeitern deutlich. Das Auswärtige Amt setzte gemäß der in den Codierregeln festgelegten Zählweise 146 Externe ein, das Bildungsministerium 397.

Es fällt auf, dass ausschließlich Ministerien und das Bundeskanzleramt Externe eingesetzt haben. Die drei Ministerien, die keine Externen eingesetzt haben, demonstrieren aber, dass Ministerien auf externe Mitarbeiter grundsätzlich nicht angewiesen sind.

Im BMJ, dem zweiten interviewten Ministerium, gab es ebenfalls nur wenige Externe. „Von dem Austauschprogramm Seitenwechsel des Innenministeriums haben wir leider erst sehr spät erfahren", erklärte Dietrich Welp, Leiter der Unterabteilung ZA (Verwaltung) im BMJ. Das Ministerium wollte sich dann zwar noch am Programm beteiligen, gab dieses Vorhaben aber auf.„Wir hatten einen Austausch geplant mit dem Justiziariat des BDI. Da hätten wir gerne jemanden hingeschickt von uns. Beim BDI stand ebenfalls bereits jemand bereit. Das mussten wir dann stoppen im Lichte der politischen Diskussion damals, weil das möglicherweise gewirkt hätte, als ob der BDI Einfluss nehmen wollte. Das wäre aber nicht der Fall gewesen", berichtete Welp.

Das BMJ sei heute aber für einen gegenseitigen Personalaustausch offen und wünsche sich, dass das federführende BMI erneut einen Personalaustausch koordiniert. Dann habe man quasi die Sicherheit, dass der Austausch akzeptiert sei und man damit keinen Fehler machen könne. Falls die Austauschpartner ausgesiebt wären, hätte dies auch den Vorteil, dass das BMJ nicht unbedingt selbst die Gegenseitigkeit hätte herstellen müssen.

Auf die Frage, was dagegen spräche, nun selbstständig einen Personalaustausch mit der Wirtschaft zu beginnen, antwortete Welp, man könne es zwar jetzt (im Sommer 2013) machen, nur habe man eine schwierigere, das heißt enge Personalsituation. „Bevor wir jetzt Energie da reinstecken und etwas anleiern, müssen wir erst mal wissen, wie wird das rechtspolitische Programm nach der Wahl aussehen. Ich würde immer noch gerne einen Personalaustausch machen, aber es ist nicht mehr so die erste Priorität."

Der NABU ist nach Informationen des Autors der einzige Verband, der in allen Berichtszeiträumen seit dem Jahr 2008 Mitarbeiter in Bundesbehörden entsendet hat. Seine Angestellten arbeiteten jedoch nicht in einem Ministerium, sondern im BfN, der Teil des Geschäftsbereichs des Ministeriums für Umwelt, Naturschutz und Reaktorsicherheit ist. Dennoch sollte erforscht werden, wie ein so kontinuierlicher Personalaustausch mit einer Bundesbehörde entstanden ist.

Jörg-Andreas Krüger, damals Fachbereichsleiter Naturschutz und Umweltpolitik der NABU-Bundesgeschäftsstelle, sagte, der Austausch zwischen BfN und NABU seit dem Jahr 2006 habe sich dadurch ergeben, dass beide Seiten im Prinzip parallel an denselben Themen arbeiteten und eine sehr enge Kooperation Sinn ergab.

Krüger sagte im Sommer 2013, dass die Entsendung der bis dahin letzten Mitarbeiterin erst etwa Mitte Juni 2013 ausgelaufen sei. Die Mitarbeiterin habe sich um die Vorbereitung und wissenschaftliche Grundlagen-Erarbeitung im Rahmen internationaler Kooperation zur Identifizierung von Meeresschutzgebieten gekümmert. Begonnen habe diese Entsendung ungefähr im Juni 2012. Dies überrascht, da im neunten, zehnten und elften Bericht des BMI keine externen Mitarbeiter des NABU beim BfN aufgeführt werden (vgl. BMI 2012b, 2013a, c). Diese Berichte sind in diesem Fall offensichtlich lückenhaft. Die Angaben für die anderen Zeiträume sind laut Krüger korrekt. Seit dem zwölften Bericht wird im Übrigen wieder eine Person aufgelistet, die vom NABU ins BfN entsendet wird (BMI 2014a, S. 53 f., b, S. 51 f.).

Gregor Kühn, Abteilungsleiter Verwaltung beim VDEK, gab an, dass im Sommer 2013 ein Mitarbeiter seines Verbands im Gesundheitsministerium tätig war. „Wir arbeiten auf der Fachebene unter anderem mit dem Bundesgesundheitsministerium eng zusammen. Durch diese Kontakte, die man auf der Fachebene hat, kommt es dazu, dass das Ministerium sich externen Sachverstand dazu holt." Kühn, der selbst seit 1989 beim VDEK arbeitet, wusste, dass bereits vor dem Jahr 1989 ein Kollege zum Gesundheitsministerium entsendet wurde. Auch an einen Fall aus dem Jahr 1993 erinnerte er sich. Die Pausen zwischen den Entsendungen seien jedoch erheblich größer gewesen als die Zeiträume, in denen man jemanden entsendet habe. Der Personalaustausch hat hier also eine lange Tradition, ist jedoch einseitig geblieben. Nach einer persönlichen Abstimmung frage das Ministerium förmlich an, ob der Verband einen Mitarbeiter entsenden könne. Der VDEK frage das Ministerium nicht von sich aus, ob es einen Mitarbeiter benötige. Auf die Praxis der Bundesregierung, den VDEK zum öffentlichen Dienst zu zählen, angesprochen, zeigte sich der Abteilungsleiter verwundert. Der VDEK verstehe sich selbst nicht wirklich als Teil des öffentlichen Dienstes. Auf seiner Internetseite stellt sich der VDEK als „Interessenvertretung und Dienstleister aller Ersatzkassen" vor. Er vertrete auf Bundes- und Landesebene die Interessen seiner Mitgliedskassen (VDEK 2014).

Laut der *ersten Hypothese* setzen Ministerien externe Mitarbeiter von denjenigen Interessengruppen oder Unternehmen ein, die den Politikern an der Spitze der Ministerien politisch besonders nahestehen.

Für diese Hypothese spricht unter anderem, dass das Wirtschaftsministerium im ersten Berichtszeitraum sehr viele externe Mitarbeiter aus Unternehmen und Wirtschaftsverbänden einsetzte, aber keinen einzigen Vertreter einer Gewerkschaft. Unter den Externen des Wirtschaftsministeriums waren Mitarbeiter des BDI, des Deutschen Industrie- und Handelskammertages (DIHK), des Verbands Deutscher Maschinen- und Anlagenbau, der Dresdner Bank, der Deutschen Bank und weiterer Unternehmen. Externe aus Gewerkschaften oder Sozialverbänden fehlten hingegen (BMI 2008, S. 17–20). Während des ersten Berichtszeitraums, in dem die genannten Externen eingesetzt wurden, war der CSU-Politiker Michael Glos Wirtschaftsminister. Da CDU und CSU besonders eng mit Wirtschaftsverbänden und Unternehmen verflochten sind (Reutter 2001a, S. 94 f.; Ismayr 2000, S. 73–75), hatte der Autor erwartet, dass das Wirtschaftsministerium unter CSU-Führung Externe aus der Wirtschaft einsetzt. Diese Erwartung hat sich bestätigt.

Für die erste Hypothese spricht ebenfalls, dass im BMZ während der Amtszeit eines FDP-Ministers Externe des BDI eingesetzt wurden (BMI 2011a, S. 63, b, S. 70, 2012a, S. 79, b, S. 71, 2013c, S. 64). Wie im dritten Teil dieses Kapitels zum gegenseitigen Personalaustausch erläutert wird, waren auch Mitarbeiter des BMZ im BDI tätig.

Ein Mitarbeiter der Gewerkschaft IG Metall war im ersten Berichtszeitraum im Ministerium für Arbeit und Soziales tätig, das vom SPD-Minister Olaf Scholz geleitet wurde. Im Referat für Europäische Beschäftigungs- und Sozialpolitik unterstützte der IG Metall-Beschäftigte von März 2006 bis März 2008 das Ressort bei der Vorbereitung, Durchführung und Nachbereitung der deutschen EU-Ratspräsidentschaft (BMI 2008, S. 21). Er war der einzige Externe, den das Ministerium für Arbeit und Soziales im Untersuchungszeitraum aufnahm. Auch hier bestätigt sich die Hypothese, dass Ministerien sich ihre Externen aus den Interessengruppen auswählen, die der Partei ihrer Leitung nahestehen.

Michael Guggemos von der IG Metall schrieb im August 2013 in einer E-Mail an den Autor, dass die Entsendung „auf Nachfrage des Ministeriums im Rahmen der Vorbereitung der damaligen EU-Ratspräsidentschaft und des angestrebten Dialogs mit den europäischen Sozialpartnern zustande kam". Seitdem habe es keine Nachfragen mehr gegeben. „Bei der IG Metall gab es nie eine Strategie, Entsendungen in Ministerien als Teil der Lobby-Arbeit zu nutzen", teilte Guggemos, der für die Koordination der Vorstandsaufgaben bei der IG Metall zuständig ist, mit.

Eine Mitarbeiterin der Arbeitsgemeinschaft der Evangelischen Jugend in Deutschland verstärkte bis Juni 2009 das Referat „Ausbau und Qualität der Kindertagesbetreuung" des Ministeriums für Familie, Senioren, Frauen und Jugend. Sie half bei der Umsetzung des 2005 in Kraft getretenen Tagesbetreuungsausbaugesetzes sowie des Kinder- und Jugendhilfeweiterentwicklungsgesetzes (BMI 2008, S. 22, 2009a, S. 33, b, S. 22). Obwohl die Union zur katholischen Kirche noch bessere Kontakte hat als zur evangelischen, hat sie auch zur evangelischen Kirche ein gutes Verhältnis und überdurchschnittlich viele Bundestagsabgeordnete, die haupt- oder ehrenamtlich Funktionen in evangelischen Organisationen ausüben (Ismayr 2000, S. 74). Ursula von der Leyen (CDU), die das Ministerium von 2005 bis 2009 leitete, ist selbst gläubige Protestantin.

Wie in Hypothese eins erwartet, setzen Ministerien vor allem externe Mitarbeiter von denjenigen Interessengruppen oder Unternehmen ein, die mit der Partei der politischen Führung des Ministeriums verflochten sind.

Bestimmte Parteien haben im Übrigen den Ruf, der Wirtschaft besonders nahe zu stehen. Ministerien, die von eher wirtschaftsnahen Parteien wie CDU, CSU und FDP geleitet werden, könnten deshalb zahlenmäßig mehr Externe aus Wirtschaft und Verbänden einsetzen als SPD-geführte Ministerien. Eine solche Vermutung würde über die erste Hypothese hinausgehen. Denn eine solche Vermutung nimmt nicht nur an, dass die Minister unterschiedlicher Parteien unterschiedliche Externe einsetzen, sondern, dass bestimmte Parteien zahlenmäßig mehr Externe aus Interessengruppen oder Unternehmen einsetzen als andere Parteien. Doch eine solche Annahme wäre falsch, wie eine ausführliche Analyse ergab. Eine kausale Beziehung zwischen der Parteizugehörigkeit der Ministeriumsleitung und der Anzahl der eingesetzten Externen ist insgesamt nicht zu erkennen. Nur für das BMZ ist ein Zusammenhang, der jedoch unter Umständen Zufall ist, zu beobachten.

Gemäß der *zweiten Hypothese* sollten die Ministerien, falls sie externe Mitarbeiter aus Verbänden aufnehmen, vorrangig Mitarbeiter der großen Wirtschaftsverbände und Gruppierungen einsetzen. Verbände, die sich für soziale Randgruppen und schlecht organisierbare Interessen einsetzen, müssten laut der Hypothese in der Minderheit sein.

Wie die Berichte des BMI zeigen, dominieren unter den Verbänden die Wirtschaftsverbände. Besonders häufig ist der BDI vertreten, aber auch der DIHK und Bankenverbände haben Externe entsendet. Drei Ministerien haben seit 2008 externe Personen des BDI beschäftigt: das Wirtschaftsministerium (BMI 2008, S. 17), das Auswärtige Amt (u. a. BMI 2010b, S. 22, 2011b, S. 19, 2012a, S. 20, 2013a, S. 11 f., c, S. 12 f., 2014b, S. 9 f.) und das BMZ (BMI 2011a, S. 63, b, S. 70, 2012a, S. 79, b, S. 71, 2013c, S. 64). Ferner setzten die Ministerien Mitarbeiter des Verbands Deutscher Maschinen- und Anlagenbau und des Bundesverbands der Deutschen Volksbanken und Raiffeisenkassen ein (BMI 2008, S. 16–18, 2009a, S. 29, b, S. 19). Auch bei den Unternehmen wurden große Konzerne gegenüber mittelständischen Firmen bevorzugt.

Externe von Arbeitnehmerorganisationen sind mit Ausnahme der IG Metall nicht eingesetzt worden. Auch Umweltverbände hatten in den Ministerien keine externen Mitarbeiter, sondern nur in einer nachgeordneten Behörde. Dort arbeiteten die NABU-Mitarbeiter zudem nicht an innenpolitischen, sondern an außenpolitischen Themen. Sozialverbände sind unter den entsendenden Organisationen ebenfalls nicht zu finden.

Bei den Verbänden, die externe Mitarbeiter in die Ministerien entsenden, ist ein deutliches Übergewicht der großen Wirtschaftsverbände festzustellen. Die zweite

Hypothese hat sich somit bestätigt. Dies führt zu einer zusätzlichen Vergrößerung der ohnehin vorhandenen Asymmetrie bei den Zugangsmöglichkeiten zur Politik.

8.2 Einflussmöglichkeiten der externen Mitarbeiter

Der *dritten Hypothese* zufolge sollte das in der Verwaltungsvorschrift erlaubte Einflusspotenzial in der Regel nicht überschritten werden. Externe Mitarbeiter hätten dann tendenziell nur geringe Einflussmöglichkeiten auf das Handeln der Exekutive.

Tatsächlich hat die Tätigkeit eines VDEK-Mitarbeiters, der das Versorgungsgesetz entworfen haben soll (BMI 2011b, S. 28, 2012a, S. 26), dem Gesundheitsministerium den Vorwurf eingebracht, gegen die Verwaltungsvorschrift zu verstoßen. So war unter anderem der Staats- und Verwaltungsrechtler Ulrich Battis der Auffassung, es handele sich hierbei um einen Verstoß gegen die Verwaltungsvorschrift. Dies habe allerdings keine rechtlichen Folgen, da keine Strafen für Verstöße gegen die Vorschrift vorgesehen sind (Maisch 2012a). Das Ministerium gab nach Presseanfragen an, der VDEK-Mitarbeiter arbeite nur zu (Steinmann et al. 2012). Eine Sprecherin versicherte, der Mitarbeiter sei weisungsgebunden und in die Hierarchie des Hauses eingegliedert gewesen. Seine fachliche Expertise und die Erfahrung aus der praktischen Umsetzung von Gesetzen durch die Krankenkassenverwaltung seien für die fachliche Unterstützung im Gesetzgebungsverfahren hilfreich gewesen. Die Vermeidung von Interessenkonflikten sei sichergestellt worden, zumal beim VDEK als einem Verband von Körperschaften des öffentlichen Rechts ein Interessenkonflikt nur in begrenztem Umfang zu befürchten sei[1].

Weitere Fälle, die dermaßen eindeutig gegen die Verwaltungsvorschrift verstoßen, sind in den Berichten des BMI nicht zu finden, auch wenn es einige Grenzfälle gibt. Externe dürfen nicht in Funktionen eingesetzt werden, deren Ausübung die konkreten Geschäftsinteressen der entsendenden Stelle unmittelbar berührt. Doch im Auswärtigen Amt arbeiten seit dem vierten Berichtszeitraum verschiedene Externe des BDI an dem Thema Investitionsgarantien, an Projekten der Außenwirtschaftsförderung und der strukturellen Verbesserung der Zusammenarbeit mit Wirtschaftsverbänden. Es fallen auch Aufgaben im Rahmen der Öffentlichkeitsarbeit an (u. a. BMI 2010b, S. 22, 2011b, S. 19, 2013c, S. 12 f.). Für LobbyControl-Vorstandsmitglied Ulrich Müller sind Investitionsgarantien „klar im kommerziellen Interesse der BDI-Mitgliedsunternehmen" (Steinmann et al. 2012).

---

[1] E-Mail einer Pressesprecherin des Gesundheitsministeriums vom 05.04.2012 als Antwort auf eine Presseanfrage des Autors.

Unklar erscheint nach Auffassung des Autors aber, ob bereits dadurch die konkreten Geschäftsinteressen des BDI unmittelbar berührt sind. Es sind eben eher die Mitgliedsunternehmen, die betroffen sind. Ähnliche Fragen stellen sich, wenn ein Mitarbeiter des Bundesverbands der Deutschen Volksbanken und Raiffeisenkassen das Finanzministerium bei Grundsatzfragen des Finanzplatzes Deutschland und der europäischen Finanzmarktintegration berät (BMI 2008, S. 16, 2009a, S. 29, b, S. 19).

Die Externen vom VDEK und BDI hatten hohe Einflussmöglichkeiten: Der VDEK war an der Formulierung eines Gesetzentwurfs beteiligt, der BDI an der Öffentlichkeitsarbeit des Ministeriums. Beim Bundesverband der Deutschen Volksbanken und Raiffeisenkassen können die Einflussmöglichkeiten noch als gering angesehen werden.

Etwas mysteriös ist jedoch, dass bei dem erwähnten BDI-Mitarbeiter im Auswärtigen Amt die Beiträge zu Reden für die Leitungsebene (BMI 2012a, S. 20) nach Medienberichten darüber ohne Erklärung gestrichen wurden. Das Auswärtige Amt teilte der taz mit, Aufgabenbereiche könnten sich im Laufe des Einsatzes ändern. Einen genauen Zeitpunkt für die Aufgabenänderung oder eine Begründung dafür konnte das Ministerium jedoch trotz ausdrücklicher Nachfrage nicht nennen (Maisch 2012b). Kritiker könnten angesichts dieser nicht völlig transparenten Praxis dem Außenministerium vorwerfen, kritikwürdige Tätigkeiten einfach zu verschweigen. Die Änderung der Tätigkeitsangabe lässt sich zumindest nicht objektiv überprüfen.

Wenn man die Tätigkeiten der Externen von Verbänden und Unternehmen mit den Tätigkeiten der anderen Externen vergleicht, fällt auf, dass die Verbands- und Unternehmensmitarbeiter meistens die wichtigeren Aufgaben wahrnahmen. Es gibt außer dem VDEK-Fall keinen eindeutigen Verstoß gegen die Verwaltungsvorschrift, doch auch ohne gegen die Vorschrift zu verstoßen, können die Externen hohe Einflusspotenziale haben. Obwohl Externe aus Unternehmen und Wirtschaftsverbänden, wie Tab. 8.1 zeigt, nur eine kleine Minderheit darstellen, haben sie in absoluten Zahlen etwa ähnlich häufig hohe Einflussmöglichkeiten wie alle anderen Externen zusammen. Des Weiteren gab es unter den Externen, die ein hohes Einflusspotenzial hatten, einen interessanten Unterschied: Waren die Externen mit hohem Einflusspotenzial aus der Wirtschaft, wurden sie im Schnitt länger in den Ministerien eingesetzt als diejenigen Externen, die zwar ebenfalls hohes Einflusspotenzial hatten, jedoch nicht aus der Wirtschaft kamen. Im Folgenden werden Externe aus der Wirtschaft aufgeführt, die ein hohes Einflusspotenzial hatten: Im ersten Berichtszeitraum stimmte sich ein Mitarbeiter des Deutschen Fußball-Bundes (DFB) mit dem BMI, das eigentlich für Sport zuständig ist, ab und erstellte für das Bundeskanzleramt Entwürfe für Reden und Grußworte (BMI

2008, S. 9). Ein Beschäftigter von der Bosch & Partner GmbH beteiligte sich an der „Erarbeitung und Implementation von Naturschutzstandards für die Erzeugung von Biomasse sowie deren Verarbeitung und energetische Nutzung" (BMI 2008, S. 27). Im Finanzministerium wurde ein Pressesprecher von IBM zwischen April und Ende Juni 2008 im Pressereferat eingesetzt (BMI 2008, S. 16). Er konnte damit die Darstellung des Ministeriums in den Medien beeinflussen. Seit September 2010 unterstützte ein BDI-Mitarbeiter im BMZ die zuständigen Referenten bei der „Erarbeitung/ Koordinierung von BMZ-Positionen" (BMI 2011a, S. 63, b, S. 70, 2012a, S. 79, b, S. 71, 2013c, S. 64). Die Hilfe bei der Erarbeitung von Positionen des Ministeriums ist eine Aufgabe, die ebenfalls eher hohe Einflussmöglichkeiten bietet. Dies gilt besonders dann, wenn der Einsatz des Externen, wie beim BDI-Mitarbeiter, zwei Jahre dauert. Im September 2011 begann ein zweiter VDEK-Mitarbeiter, im Gesundheitsministerium zu arbeiten. Seine Aufgabe war das „Anfertigen von Vermerken und Reden für die Hausleitung zu den Themen des Einsatzbereichs". Sein Einsatzbereich betraf unter anderem Grundsatzfragen der Prävention und Eigenverantwortung (BMI 2012a, S. 27). Nicht zu vergessen sind die oben dargestellten Mitarbeiter des BDI, die im Auswärtigen Amt tätig sind.

Ebenso wie die beim Externen des Bundesverbands der Deutschen Volksbanken und Raiffeisenkassen kann auch das Einflusspotenzial einer Mitarbeiterin der Bertelsmann Stiftung Gütersloh nicht eindeutig eingeordnet werden. Die Bertelsmann-Mitarbeiterin beriet das Gesundheitsministerium zu Grundsatzfragen der Gesundheitspolitik und gesamtwirtschaftlichen Aspekten des Gesundheitswesens (BMI 2008, S. 24).

Wichtig ist, dass ab dem vierten Berichtszeitraum alle in den Ministerien eingesetzten Externen aus Wirtschaftsunternehmen und -verbänden ein hohes Einflusspotenzial hatten[2]. Damit unterscheiden sich die Einflussmöglichkeiten der Vertreter von Unternehmen und Verbänden deutlich von den Möglichkeiten der Externen, die nicht aus der Wirtschaft kommen.

Auf der anderen Seite nehmen viele Externe, die nicht aus der Wirtschaft oder Verbänden kommen, Sachbearbeiter-Tätigkeiten wahr. Es gibt nur sehr wenige Externe, die nicht aus der Wirtschaft kommen und dennoch hohe Einflussmöglichkeiten haben.

Auf die Frage, welche Tätigkeiten er sich für einen Externen des BDI vorstellen könnte, antwortete Welp, man würde diese Personen „normal einsetzen und in eine Facheinheit stecken, die auch federführend ist, also auch Gesetzgebung macht oder Mitprüfung". Ein Externer vom BDI würde im BMJ wie ein ganz normaler Referent behandelt werden und sei dann auch weisungsgebunden. Die Einfluss-

---

[2] Mitarbeiter von Unternehmen, die Projektträger sind, sind dabei nicht berücksichtigt.

möglichkeiten eines solchen Externen müssten gemäß den Codierregeln als hoch eingestuft werden. Bei Welps Aussage handelt es sich jedoch um die Antwort auf eine hypothetische Frage. Gegebenenfalls müsste das BMJ die Tätigkeiten vorher noch rechtlich prüfen. Welp erklärte zur Formulierung von Gesetzentwürfen: „Das Schreiben von Gesetzentwürfen ist Teamarbeit. Da sind mehrere Referenten. Da gibt jeder seinen speziellen Sachverstand dazu und dann wird es innerhalb des Referats durch den Referatsleiter quasi strukturiert, wie gearbeitet wird. Und dann geht es die Leiter hoch."

Falls die Formulierung von Gesetzentwürfen jedoch tatsächlich immer oder meistens ein Gemeinschaftswerk ist, stellt sich die Frage, ob die Vorgabe, Externe keine Gesetzentwürfe und anderen Rechtsetzungsakte formulieren zu lassen, nicht sehr eng auszulegen ist. Es würde wenig Sinn ergeben, den Externen in der Verwaltungsvorschrift nur die alleinige Formulierung von Gesetzentwürfen zu verbieten, wenn doch üblicherweise immer mehrere Referenten beteiligt sind. Denn dann ist nicht anzunehmen, dass ohne die Vorgaben der Verwaltungsvorschrift ausgerechnet ein Externer allein einen Gesetzentwurf verfassen würde.

Da die Ministerialverwaltung der primäre Adressat von Verbänden ist, dürfte es aus der Sicht eines Verbands wie dem VDEK attraktiv sein, direkt in das Gesundheitsministerium Mitarbeiter zu entsenden.

Der Nachteil einer Entsendung, sagte Kühn, sei, dass man aus dem normalen Geschäft einen Mitarbeiter herauslösen müsse, der nur noch zeitweise zur Verfügung stehe. Einen Vorteil vermute der VDEK darin, dass man während der Unterstützung auch Einfluss nehmen könne. Er glaube generell nicht, dass irgendein Verbandsmitarbeiter völlig frei ohne Stallgeruch ein Ministerium unterstützen könne. Die Ministerien würden zur Kommentierung von Gesetzen Leute einladen, die die Sichtweise der betroffenen Verbände einbeziehen. „Wenn es Ihnen gelingt, den Kollegen, der dieses Gesetz schreibt, zu überzeugen, so hat man zumindest eine eingeschränkte Möglichkeit, Einfluss zu nehmen", sagte Kühn. Die Politik sei unter anderem auch von Interessenverbänden gesteuert, da nehme er den VDEK nicht aus. Er verstehe die Vorgaben der Verwaltungsvorschrift zu den Tätigkeiten von externen Mitarbeitern sehr gut, da man als Externer möglicherweise in der Lage sei, Einfluss zu nehmen. Der VDEK, der in Berlin 240 Personen beschäftigt, vertraue aber seinen Mitarbeitern, dass sie die Regeln der Ministerien einhalten. Wenn der VDEK jemanden entsende, dann tue er dies nicht mit der Absicht, zu spionieren oder dergleichen. Kollegen der Fachabteilung gaben Kühn die Auskunft, man stünde mit der ins Gesundheitsministerium entsendeten Kollegin nicht regelmäßig im Kontakt – es sei denn, es würden sich Fragen ergeben, die den Aufgabenbereich der abgeordneten Mitarbeiterin beim VDEK selbst betreffen. Sonst habe man jedoch keinen Kontakt.

Der damalige Koordinator der Abteilung 1 „Zentrale Dienste, Zivilgesellschaft, Wirtschaft" im BMZ, Jan Irlenkaeuser, betonte im Experteninterview mehrfach, dass externe Mitarbeiter im BMZ „keine ministeriellen Tätigkeiten übernehmen", also keine Kabinettsvorlagen oder Gesetzentwürfe schreiben. „Diese Tätigkeiten machen bei uns Externe nicht, das ist uns ganz wichtig." Auf die Tätigkeit der BDI-Mitarbeiter im BMZ angesprochen, antwortete Irlenkaeuser, man sehe an der Formulierung „Unterstützung der zuständigen Referenten bei der Erarbeitung/Koordinierung von BMZ-Positionen" (u. a. BMI 2013c, S. 64), dass der Externe nicht klassisch als Referent eingesetzt werde. Sie würden nicht selbstständig arbeiten, sondern den Referenten zuarbeiten.

Es gehe darum, die verfasste Wirtschaft für Themen der Entwicklungszusammenarbeit zu sensibilisieren, Kontakte zu knüpfen und voneinander zu lernen. Es sei gut, wenn man einen externen Ansprechpartner habe, den man auf dem kurzen Dienstweg ansprechen könne. „Gerade auch die Wirtschaft hat einen Anteil daran, die Entwicklungszusammenarbeit zum Erfolg zu machen", sagte Irlenkaeuser, der die Abläufe zwischen den Abteilungen und innerhalb der eigenen Abteilung koordinierte.

Ob der Einsatz externer Mitarbeiter mit der Verwaltungsvorschrift vereinbar ist, prüfen im BMZ die zuständigen Fachreferate in der Abteilung 1, der Zentralabteilung (Deutscher Bundestag 2011, S. 4). So dürfte es auch in den anderen Ministerien ablaufen. Im BMJ würde laut Welp am Ende die Staatssekretärin darüber entscheiden, ob man einen neuen Personalaustausch aufnimmt oder nicht.

8.3   Gibt es einen gegenseitigen Personalaustausch zwischen Ministerialverwaltung und Wirtschaft?

Der dritte große Themenkomplex der Arbeit dreht sich um die Frage, ob das Ziel eines ressortübergreifenden gegenseitigen Personalaustauschs zwischen Verwaltung und Wirtschaft erreicht worden ist. Dafür müssten zwei Bedingungen erfüllt sein: Einerseits müssten die Ministerien Externe aus der Wirtschaft aufnehmen, andererseits müssten sie selbst eigene Mitarbeiter zu Unternehmen oder Verbänden entsenden.

Die Datenlage zur ersten Bedingung ist etwas besser als die zur zweiten: Drei Ministerien haben seit 2008 keinen einzigen Externen eingesetzt und somit nicht am Personalaustausch teilgenommen. Auch das BMJ hatte keine Externen aus Unternehmen, Kirchen, Gewerkschaften oder anderen Verbänden. Im Bundeskanzleramt war lediglich ein Mitarbeiter des Fußballverbands DFB. Im Ministerium für Familie, Senioren, Frauen und Jugend waren zwar Externe der Arbeitsgemeinschaft für Jugendhilfe und der Arbeitsgemeinschaft der Evangelischen Jugend in Deutschland e. V. tätig, aber keine Mitarbeiter aus Unternehmen oder Wirtschaftsverbänden. Damit hatte beinahe die Hälfte der Ministerien keinen einzigen externen Mitarbeiter eines Wirtschaftsunternehmens oder eines Wirtschaftsverbands. Lediglich das Auswärtige Amt und das BMZ setzten auch noch im zweiten Halbjahr 2012 Externe aus einem Wirtschaftsverband, dem BDI, ein (BMI 2013c). Seit Oktober 2013 entsenden die Unternehmen und Verbände erstmals keinen einzigen Mitarbeiter (BMI 2014a, b, S. 9 f.). Das Bildungsministerium nahm, obwohl es insgesamt die meisten Externen aller Ministerien hatte, nie einen Mitarbeiter eines Wirtschaftsverbands oder einer Gewerkschaft auf. Es griff zwar in einigen Fällen auf Externe von Unternehmen zurück, doch diese Unternehmen waren dann zugleich Projektträger des Ministeriums. Da Projektträger die Projekte des Ministeriums fachlich und organisatorisch umsetzen, nehmen diese Unternehmen eine Sonderstellung ein und sind anders zu bewerten als gewöhnliche Unternehmen.

Der einzige Gewerkschaftsmitarbeiter wurde im Ministerium für Arbeit und Soziales eingesetzt. Dies war jedoch bereits im ersten Berichtszeitraum. Das Finanz-, Innen-, Gesundheits- und Wirtschaftsministerium hatten zwar Externe von Unternehmen und Wirtschaftsverbänden, doch auch dort liegen die Fälle bereits länger zurück. Beim Gesundheitsministerium kommen die Einsätze von VDEK-Mitarbeitern hinzu, die aber inzwischen von der Regierung nicht mehr als externe Personen eingestuft werden.

Nur noch beim Auswärtigen Amt und dem BMZ lässt sich erkennen, dass das Ziel des Personalaustauschs mit der Wirtschaft und Verbänden aktiv verfolgt wird. Alle anderen Ministerien scheinen sich vom Ziel eines Personalaustauschs mit der Wirtschaft und anderen Interessengruppen verabschiedet zu haben. Doch auch im Auswärtigen Amt und dem BMZ gibt es nur wenige Externe, die aus der Wirtschaft kommen.

Wie sieht es mit der zweiten Bedingung für einen gegenseitigen Personalaustausch aus? Welche Ministerien haben ihre eigenen Beamten zu Unternehmen oder Wirtschaftsverbänden entsendet?

Das BMZ betreibt nach eigenen Angaben seit 1997 einen gegenseitigen Personalaustausch mit dem BDI. Der Austausch diene dazu, „Wirtschaftsvertreter für Entwicklungspolitik und BMZ-Mitarbeiter für Wirtschaftsthemen zu sensibilisieren". In der Zeit vom 15. September 2010 bis 14. September 2012 sei ein Mitarbeiter des Ministeriums beim BDI tätig gewesen (Deutscher Bundestag 2011, S. 2).

Ole Schröder (2010, S. 1 f.), Parlamentarischer Staatssekretär des BMI, teilte dem Vorsitzenden des Innenausschusses, Wolfgang Bosbach (beide CDU), die Antwort des Auswärtigen Amts auf eine Frage des Innenausschusses mit. Seit dem

Jahr 2009 sei ein Mitarbeiter des Auswärtigen Amts für zwei Jahre in der Abteilung Internationale Märkte des BDI tätig.

Aus der Antwort der Bundesregierung auf eine Kleine Anfrage der Bundestagsfraktion Die Linke geht hervor, dass nur wenige Ministerialbeamte in Unternehmen entsendet wurden. Als einen gegenseitigen Austausch lassen sich diese wenigen Entsendungen kaum einstufen: Nur 14 Beamte aus zwei Ministerien und einer nachgeordneten Behörde werden von der Bundesregierung genannt. Darunter sind zwei Beamte des BMZ, die durchschnittlich 28,5 Monate lang beim BDI tätig waren (Deutscher Bundestag 2013). Diese Angabe der Bundesregierung stimmt mit der Aussage Irlenkaeusers überein, dass in der Regel eine Person des BDI im Ministerium ist und zeitgleich ein BMZ-Beamter beim BDI.

Ein Beamter der Bundesanstalt für Post und Telekommunikation Deutsche Bundespost wurde für 60 Monate zur Deutschen Telekom AG entsendet. Die Bundesanstalt für Post und Telekommunikation ist eine Behörde im Geschäftsbereich des Finanzministeriums. Die weiteren Entsendungen betreffen das Auswärtige Amt. Je drei Mitarbeiter des Auswärtigen Amts lernten die Arbeit bei der Stiftung Wissenschaft und Politik und dem Goethe-Institut kennen. Diese Einrichtungen sind jedoch keine Wirtschaftsunternehmen. Ein Beamter war 61 Monate lang bei der Daimler AG, einer für 24 Monate bei der Deutschen Telekom AG, ein weiterer für 20 Monate beim BDI und zwei Beamte waren für im Schnitt 27 Monate bei der Siemens AG (Deutscher Bundestag 2013, S. 5).

Dass drei der 14 entsendeten Beamten am Personalaustausch mit dem BDI teilnahmen, unterstreicht dessen Bedeutung und steht im Einklang mit der zweiten Hypothese.

Für welchen Zeitraum die Angaben gelten, geht aus der Tabelle, in der die Beamten aufgelistet werden, nicht hervor. Die Angaben beziehen sich jedoch mindestens auf die Zeit von Oktober 2009 bis Frühjahr 2013. Eventuell liegen einige Entsendungen noch länger zurück. Dies legt zumindest der Vergleich mit Antworten der Bundesregierung aus dem Jahr 2006 nahe. Schon damals waren Beschäftigte aus obersten Bundesbehörden bei der Siemens AG, der damaligen Daimler Chrysler AG, der BMW AG und beim BDI tätig gewesen (Deutscher Bundestag 2006a, S. 4). Dafür, dass die Entsendungen von Beamten zu Daimler und Siemens bereits länger zurückliegen, spricht, dass weder Siemens noch Daimler seit dem Jahr 2008 selbst Mitarbeiter in Bundesministerien oder ihre nachgeordneten Behörden entsendet haben.

Eindeutig ist, dass von den Ministerien lediglich das Auswärtige Amt und das BMZ ihre eigenen Mitarbeiter in Unternehmen oder Wirtschaftsverbänden Erfahrungen sammeln ließen. Beide Ministerien ordneten jedoch nur sehr wenige Beamte ab.

Zusammengefasst ist gegenwärtig nur beim Auswärtigen Amt und dem BMZ ein regelmäßiger Personalaustausch mit der Wirtschaft festzustellen[3]. Beide Ministerien beschäftigten in den vergangenen Jahren Externe aus der Wirtschaft und haben eigene Mitarbeiter zu den Austauschpartnern entsendet. Jedoch entsenden beide Ministerien nur sehr wenige eigene Mitarbeiter, sodass durch diesen geringen gegenseitigen Austausch nur punktuell eine Verbesserung des gegenseitigen Verständnisses erwartet werden kann. Insgesamt wurde aus heutiger Sicht das Ziel, einen ressortübergreifenden Personalaustausch zu etablieren, verfehlt. Die meisten Ministerien haben sich vom Personalaustausch mit der Wirtschaft – und auch mit anderen Interessengruppen – verabschiedet.

---

[3] Für das Gesundheitsministerium ist zu beachten, dass die VDEK-Mitarbeiter von der Regierung nicht mehr als Externe gezählt werden und deshalb nicht mehr in den Berichten des Innenministeriums auftauchen.

Schlussfolgerungen 9

Ein zentraler Beitrag dieses Buchs besteht darin, Hypothesen über den Einsatz externer Mitarbeiter in Bundesministerien entwickelt und getestet zu haben. Damit trägt dieses Buch dazu bei, die Forschungslücke beim Einsatz externer Mitarbeiter zu schließen.

Die Anzahl der Externen in den Ministerien schwankte seit dem Jahr 2008 zwischen 39 und 70 Personen und blieb damit relativ konstant. Indessen ist die Anzahl der Ministerien, die Externe beschäftigen, im Untersuchungszeitraum deutlich gesunken. Nur eine Minderheit der Ministerien setzt heute noch Externe ein. Auffällig ist, dass seit dem Jahr 2008 außer den Bundesministerien und dem Bundeskanzleramt keine andere oberste Bundesbehörde Externe eingesetzt hat. Indem auch drei Ministerien vollständig auf externe Mitarbeiter verzichteten, belegen diese, dass Ministerien nicht auf Externe angewiesen sind.

Die drei aufgestellten Hypothesen haben sich weitgehend bestätigt. Wenn Ministerien externe Mitarbeiter von Interessengruppen oder Unternehmen einsetzen, dann setzen sie vor allem Mitarbeiter von denjenigen Interessengruppen oder Unternehmen ein, die mit der Partei der politischen Führung des Ministeriums verflochten sind, wie mit Hypothese eins erwartet wurde.

Wenn externe Mitarbeiter von Verbänden eingesetzt werden, dann sind diese Verbandsmitarbeiter außerdem vorrangig von den großen Wirtschaftsverbänden, wie mit der zweiten Hypothese erwartet wurde. Ein besonders gefragter Austauschpartner ist der BDI. Es gibt hingegen nur einen Fall, in dem ein Mitarbeiter einer Gewerkschaft eingesetzt wurde. Externe von Umwelt- und Sozialverbänden sind nur in nachgeordneten Behörden, nicht aber in den Ministerien zu finden. Das Übergewicht der großen Wirtschaftsverbände führt zu einer Vergrößerung

© Springer Fachmedien Wiesbaden 2015
A. Maisch, *Der Einsatz externer Mitarbeiter in Bundesministerien,* essentials,
DOI 10.1007/978-3-658-08415-8_9

der ohnehin vorhandenen Asymmetrie bei den Zugangsmöglichkeiten zur Politik – Wirtschaftsverbände haben einen privilegierten Zugang zu den Ministerien. Soziale Randgruppen und schlecht organisierbare Interessen sind unterrepräsentiert, obwohl der Einsatz externer Personen auch dem Wissenstransfer zwischen der Verwaltung und Einrichtungen aus Kultur und Zivilgesellschaft dienen soll.

Die Verwaltungsvorschrift zum Einsatz externer Personen beschränkt die Einflussmöglichkeiten der Externen stark. Die Vorschrift wurde, wie aus den Berichten des Innenministeriums hervorgeht, fast immer eingehalten. Die meisten Externen hatten deshalb nur geringe Einflussmöglichkeiten, womit auch die dritte Hypothese bestätigt wurde. Wie die Analyse zeigt, hatte jedoch eine kleine Minderheit der Externen hohe Einflussmöglichkeiten, ohne dass dabei gegen die Verwaltungsvorschrift verstoßen wurde. Ausgerechnet die Externen aus Wirtschaftsverbänden und Unternehmen hatten überdurchschnittlich häufig ein hohes Einflusspotenzial – deutlich häufiger als Externe, die nicht aus Verbänden oder Unternehmen kamen.

Dass sogar der Verwaltungs-Abteilungsleiter des VDEK nicht glaubt, dass ein Verbandsmitarbeiter völlig frei ohne Stallgeruch ein Ministerium unterstützen kann, macht die Risiken des Personalaustauschs deutlich. Wenn die Entsendung von Mitarbeitern vom VDEK als eine eingeschränkte Möglichkeit zur Einflussnahme betrachtet wird, muss aus Sicht des Autors erstens die Verwaltungsvorschrift streng eingehalten werden und zweitens sichergestellt sein, dass nicht nur einzelne Interessengruppen der Gesellschaft Gehör finden und dadurch privilegiert werden.

Das Ziel des Personalaustauschprogramms „Seitenwechsel", einen ressortübergreifenden Personalaustausch zwischen Verwaltung und Wirtschaft zu etablieren, wurde aus heutiger Sicht verfehlt. Nur zwei Ministerien, das Auswärtige Amt und das BMZ, haben einen regelmäßigen Personalaustausch mit der Wirtschaft. Doch auch diese Ministerien setzen nur wenige Externe aus der Wirtschaft ein und haben sehr wenig eigenes Personal in Wirtschaftsunternehmen oder -verbände entsendet. Bedenkt man, dass das Auswärtige Amt und das BMZ bereits vor dem Start des Programms „Seitenwechsel" im Jahr 2004 einen Personalaustausch betrieben haben (Deutscher Bundestag 2011, S. 2; Schröder 2010, S. 1), ist kein Anzeichen für einen nachhaltigen Effekt von „Seitenwechsel" zu erkennen. Das Programm ist ein Misserfolg.

Die anderen Ministerien setzen inzwischen nicht nur keine Externen aus dem Wirtschaftssektor ein, sondern auch keine Externen von anderen Interessengruppen. Die öffentliche Kritik am Einsatz externer Mitarbeiter aus Wirtschaftsunternehmen und Verbänden sowie die Berichtspflicht des Bundestags an die Ministerien haben offenbar dazu geführt, den Personalaustausch mit der Wirtschaft zu verringern. Von dem Austausch mit Wirtschaftsunternehmen und Verbänden, den das Wirtschaftsministerium nach eigenen Angaben seit Jahrzehnten praktiziert

(Deutscher Bundestag 2006b, S. 2), ist jedenfalls seit dem zweiten Berichtszeitraum nichts mehr übrig geblieben. Auch insgesamt ist die Anzahl der Externen aus
der Wirtschaft seit Herbst 2008 sehr gering.

Ob Ministerien mit der Wirtschaft Personal austauschen sollen, ist eine politische Entscheidung. Falls aber ein transparenter Personalaustausch mit der Wirtschaft noch immer politisch gewollt ist, sollte die Regierung einen neuen Anlauf
starten. Das Gespräch mit dem Unterabteilungsleiter des Justizministeriums zeigt,
dass ein Interesse daran besteht. Das Ministerium hat aber die nicht unbegründete
Sorge, eventuell einen Fehler zu machen. Es wünscht sich deshalb eine stärke-
re Unterstützung durch das Innenministerium. Um auf eigene Initiative hin einen
neuen Personalaustausch mit Interessengruppen zu beginnen, sind die Bedenken
der Ministerien offenbar zu groß.

Was Sie aus diesem Essential mitnehmen können

- Das Ziel der Bundesregierung, einen gegenseitigen Personalaustausch zwischen Verwaltung und Wirtschaft zu etablieren, wurde verfehlt.
- Wenn Ministerien externe Mitarbeiter von Interessengruppen oder Unternehmen einsetzen, dann setzen sie vor allem Mitarbeiter von denjenigen Interessengruppen oder Unternehmen ein, die mit der Partei der politischen Führung des Ministeriums verflochten sind.
- Wenn externe Mitarbeiter von Verbänden eingesetzt werden, dann sind diese Verbandsmitarbeiter vorrangig von den großen Wirtschaftsverbänden wie dem BDI.
- Nur wenige externe Mitarbeiter – darunter insbesondere Externe aus Wirtschaftsverbänden und Unternehmen – haben hohe Einflussmöglichkeiten.
- Die Berichte des Innenministeriums an den Deutschen Bundestag sind nicht immer vollständig.

© Springer Fachmedien Wiesbaden 2015
A. Maisch, *Der Einsatz externer Mitarbeiter in Bundesministerien*, essentials,
DOI 10.1007/978-3-658-08415-8

Verzeichnis der interviewten Experten

1. Dr. Jan Irlenkaeuser, damals Koordinator der Abteilung 1 (Zentrale Dienste, Zivilgesellschaft, Wirtschaft) des Bundesministeriums für wirtschaftliche Zusammenarbeit und Entwicklung, heute Referatsleiter im Ministerium. Das Interview wurde am 07.08.2013 telefonisch geführt.
2. Jörg-Andreas Krüger, von Dezember 2004 bis August 2013 Fachbereichsleiter Naturschutz und Umweltpolitik der Bundesgeschäftsstelle des Naturschutzbundes Deutschland. Das Interview fand am 18.07.2013 in der NABU-Bundesgeschäftsstelle in Berlin statt.
3. Gregor Kühn, Abteilungsleiter Verwaltung beim Verband der Ersatzkassen e. V.. Das Interview wurde am 01.08.2013 telefonisch geführt.
4. Dr. Dietrich Welp, Leiter der Unterabteilung ZA (Verwaltung) im Bundesministerium der Justiz. Das Interview fand am 31.07.2013 im Bundesministerium der Justiz in Berlin statt.

© Springer Fachmedien Wiesbaden 2015
A. Maisch, *Der Einsatz externer Mitarbeiter in Bundesministerien*, essentials,
DOI 10.1007/978-3-658-08415-8

Literatur

Adam, Hermann. 1977. *Theorie gesellschaftlicher Machtverteilung.* Köln: Bund-Verlag.
Adamek, Sascha, und Kim Otto. 2008. *Der gekaufte Staat: Wie Konzernvertreter in deutschen Ministerien sich ihre Gesetze selbst schreiben.* 2. Aufl. Köln: Verlag Kiepenheuer & Witsch.
von Alemann, Ulrich.1987. *Organisierte Interessen in der Bundesrepublik.* Opladen: Leske + Budrich.
Allgemeine Verwaltungsvorschrift. 2008. vom 17. Juli 2008 zum Einsatz von außerhalb des öffentlichen Dienstes Beschäftigten (externen Personen) in der Bundesverwaltung.
Amann, Susanne. 2009. Externe Mitarbeiter: Regierung lässt Schlupfloch für Leihbeamte. Spiegel Online, 23. April. http://www.spiegel.de/wirtschaft/externe-mitarbeiter-regierung-laesst-schlupfloch-fuer-leihbeamte-a-620437.html. Zugegriffen: 21. Okt. 2014.
Atzler, Elisabeth, und Joachim Dreykluft. 2003. Lobbyisten im Finanzministerium. Financial Times Deutschland (13. Oktober).
BMI. 2008. Erster Bericht über den Einsatz externer Personen in der Bundesverwaltung.
BMI. 2009a. Dritter Bericht über den Einsatz externer Personen in der Bundesverwaltung.
BMI. 2009b. Zweiter Bericht über den Einsatz externer Personen in der Bundesverwaltung.
BMI. 2010a. Fünfter Bericht über den Einsatz externer Personen in der Bundesverwaltung.
BMI. 2010b. Vierter Bericht über den Einsatz externer Personen in der Bundesverwaltung.
BMI. 2011a. Sechster Bericht über den Einsatz externer Personen in der Bundesverwaltung.
BMI. 2011b. Siebter Bericht über den Einsatz externer Personen in der Bundesverwaltung.
BMI. 2012a. Achter Bericht über den Einsatz externer Personen in der Bundesverwaltung.
BMI. 2012b. Neunter Bericht über den Einsatz externer Personen in der Bundesverwaltung.
BMI. 2013a. Elfter Bericht über den Einsatz externer Personen in der Bundesverwaltung.
BMI. 2013b. Jahresbericht 2012 zur Korruptionsprävention in der Bundesverwaltung.
BMI. 2013c. Zehnter Bericht über den Einsatz externer Personen in der Bundesverwaltung.
BMI. 2014a. Dreizehnter Bericht über den Einsatz externer Personen in der Bundesverwaltung.
BMI. 2014b. Zwölfter Bericht über den Einsatz externer Personen in der Bundesverwaltung.
Bundesrechnungshof. 2008. Bericht an den Haushaltsausschuss des Deutschen Bundestages nach § 88 Abs. 2 BHO über die Mitarbeit von Beschäftigten aus Verbänden und Unternehmen in obersten Bundesbehörden. https://www.campact.de/img/lobby/docs/Bundesrechnungshof.pdf. Zugegriffen: 21. Okt. 2014.

© Springer Fachmedien Wiesbaden 2015
A. Maisch, *Der Einsatz externer Mitarbeiter in Bundesministerien,* essentials,
DOI 10.1007/978-3-658-08415-8

Damaschke, Kurt. 1986. *Der Einfluss der Verbände auf die Gesetzgebung: Am Beispiel des Gesetzes zum Schutz vor gefährlichen Stoffen* (Chemikaliengesetz). München: Minerva Publikation.

Deutscher Bundestag. 2006a. Drucksache 16/3395, Antwort der Bundesregierung vom 13. November auf die Kleine Anfrage (…) der Fraktion der FDP zum „Monitor"-Bericht über eine neue Art von Lobbyismus in Bundesministerien.

Deutscher Bundestag. 2006b. Drucksache 16/3727, Antwort der Bundesregierung vom 04. Dezember auf die Kleine Anfrage (…) der Fraktion BÜNDNIS 90/DIE GRÜNEN zur Mitarbeit von Beschäftigten von Verbänden und Wirtschaftsunternehmen in Bundesministerien und in nachgeordneten Bundesbehörden.

Deutscher Bundestag. 2011. Drucksache 17/6216, Antwort der Bundesregierung vom 10. Juni auf die Kleine Anfrage (…) der Fraktion DIE LINKE zur Beschäftigung von Lobbyisten im Bundesministerium für wirtschaftliche Zusammenarbeit und Entwicklung.

Deutscher Bundestag. 2013. Drucksache 17/12631, Antwort der Bundesregierung vom 06. März auf die Kleine Anfrage (…) der Fraktion DIE LINKE zum Einsatz externer Mitarbeiterinnen und Mitarbeiter in Bundesministerien und Bundesbehörden.

Fiedler, Jobst, und Hertie School of Governance. 2006. *Personalaustauschprogramm Öffentliche Verwaltung und private Wirtschaft: Evaluationsbericht.* Berlin: Hertie School of Governance.

Fraenkel, Ernst. 1991a. Demokratie und öffentliche Meinung. In *Deutschland und die westlichen Demokratien*, Hrsg. Ernst Fraenkel, 232–260. Frankfurt a. M. Suhrkamp Verlag.

Fraenkel, Ernst. 1991b. Strukturanalyse der modernen Demokratie. In *Deutschland und die westlichen Demokratien*, Hrsg. Ernst Fraenkel, 326–359. Frankfurt a. M.: Suhrkamp Verlag.

Gemeinsame Geschäftsordnung der Bundesministerien (GGO) vom 30. August 2000, zuletzt geändert durch Beschluss vom 1. September 2011.

Gründinger, Wolfgang. 2012. *Lobbyismus im Klimaschutz: Die nationale Ausgestaltung des europäischen Emmissionshandelssystems* [sic]. Wiesbaden: VS Verlag für Sozialwissenschaften.

Hartmann, Bernd J. 2014. *Inklusive Verwaltung: Der vorübergehende Seitenwechsel aus der Privatwirtschaft in den Staatsdienst.* Paderborn: Ferdinand Schöningh.

Hibbs, Douglas A. 1977. Political parties and macroeconomic policy, American Political Science Review. *Jahrgang* 71 (Nr. 4): 1467–1487.

Ismayr, Wolfgang. 2000. *Der Deutsche Bundestag im politischen System der Bundesrepublik Deutschland.* Opladen: Leske + Budrich.

Kleinfeld, Ralf, Ulrich Willems, und Annette Zimmer. 2007. Lobbyismus und Verbändeforschung: Eine Einleitung. In *Lobbying: Strukturen. Akteure. Strategien*, Hrsg. Ralf Kleinfeld, Ulrich Willems, und Annette Zimmer, 7–35. Wiesbaden: VS Verlag für Sozialwissenschaften.

Lahusen, Christian. 2004. Institutionalisierung und Professionalisierung des europäischen Lobbyismus. *Zeitschrift für Parlamentsfragen* 35 (4): 777–794.

LobbyControl – Initiative für Transparenz und Demokratie e. V. 2014. Lobbyisten in Ministerien [online]. https://lobbypedia.de/wiki/Lobbyisten_in_Ministerien. Zugegriffen: 21. Okt. 2014.

Lösche, Peter. 2007. *Verbände und Lobbyismus in Deutschland.* Stuttgart: Verlag W. Kohlhammer.

Maisch, Andreas. 2012a. Lobbyisten im Hause Bahr, die tageszeitung, 19. April. http://www.
taz.de/!91729/. Zugegriffen: 21. Okt. 2014.

Maisch, Andreas. 2012b. Die verschwundenen Lobbyisten, die tageszeitung, 10. Oktober.
http://www.taz.de/1/archiv/digitaz/artikel/?ressort=in&dig=2012%2F10%2F10%2Fa00
94&cHash=b97e289b6f0505adef2f92b0d703a977. Zugegriffen: 21. Okt. 2014.

Maisch, Andreas. 2013. Interner Bericht: Ministerien beschäftigen Dutzende Externe, Spiegel Online, 05. April. http://www.spiegel.de/politik/deutschland/ministerien-beschaef-
tigen-externe-mitarbeiter-oft-laenger-als-geplant-a-892732.html. Zugegriffen: 21. Okt.
2014.

Maisch, Andreas. 2014. Wenn der Lobbyist direkt im Ministerium sitzt, Welt Online, 05.
April. http://www.welt.de/politik/deutschland/article126593978/Wenn-der-Lobbyist-
direkt-im-Ministerium-sitzt.html. Zugegriffen: 21. Okt. 2014.

Monitor. 2006. Profitabel – Wie die Industrie an Gesetzen mitstrickt. Das Erste, 19. Oktober.

Murswieck, Axel. 1975. *Regierungsreform durch Planungsorganisation: Eine empirische
Untersuchung zum Aufbau von Planungsstrukturen im Bereich der Bundesregierung.*
Opladen: Westdeutscher Verlag.

Report Mainz. 2003. Bankenlobby im Hause Eichel: Wie im Finanzministerium Banker an
Gesetzen mitschreiben, Südwestrundfunk, 06. Oktober.

Reutter, Werner. 2001a. Deutschland: Verbände zwischen Pluralismus, Korporatismus und
Lobbyismus.In *Verbände und Verbandssysteme in Westeuropa*, Hrsg. Werner Reutter und
Peter Rütters, 75–101. Opladen: Leske + Budrich.

Reutter, Werner. 2001b. Einleitung: Korporatismus, Pluralismus und Demokratie. In *Verbände und Verbandssysteme in Westeuropa*, Hrsg. Werner Reutter, und Peter Rütters, 9–30.
Opladen: Leske + Budrich.

Schmid, Josef. 1998. *Verbände: Interessenvermittlung und Interessenorganisationen.* München: Oldenbourg Verlag.

Schmidt, Manfred G. 1995. Teil VIII: Policy-Analyse. In *Grundzüge der Politikwissen-
schaft*, Hrsg. Arno Mohr, 567–604. München: Oldenbourg Verlag.

Schröder, Ole. 2010. Brief vom 22. Juni an den Vorsitzenden des Innenausschusses des
Deutschen Bundestages Wolfgang Bosbach, *Ausschussdrucksache* 17 (4): 74.

Schütt-Wetschky, Eberhard. 1997. *Interessenverbände und Staat.* Darmstadt: Primus Verlag.

Sebaldt, Martin. 1997. *Organisierter Pluralismus: Kräftefeld, Selbstverständnis und politische Arbeit deutscher Interessengruppen.* Opladen: Westdeutscher Verlag.

Speth, Rudolf. 2006. Die Ministerialbürokratie: erste Adresse der Lobbyisten. In *Die fünf-
te Gewalt: Lobbyismus in Deutschland*, Hrsg. Thomas Leif und Rudolf Speth, 99–110.
Wiesbaden: VS Verlag für Sozialwissenschaften.

Steinmann, Thomas, Christine von Hardenberg, und Marvin Oppong. 2012. Lobbyisten nis-
ten sich in Regierung ein. Financial Times Deutschland, 5. April.

Verband der Ersatzkassen e. V. 2014. Die Aufgaben des vdek [online]. http://www.vdek.
com/ueber_uns/Aufgaben.html. Zugegriffen: 21. Okt. 2014.

Verwaltungsverfahrensgesetz. vom 23. Januar 2003, zuletzt geändert durch Artikel 3 des
Gesetzes vom 25. Juli 2013.

Viertes Buch Sozialgesetzbuch – Gemeinsame Vorschriften für die Sozialversicherung –
vom 12. November 2009, zuletzt geändert durch Artikel 5 des Gesetzes vom 25. Juli
2013.

Weber, Jürgen. 1981. *Die Interessengruppen im politischen System der Bundesrepublik Deutschland.* 2. Aufl. München: Bayerische Landeszentrale für politische Bildungsarbeit.

von Winter, Thomas. 2007. Asymmetrien der verbandlichen Interessenvermittlung. In *Lobbying: Strukturen. Akteure. Strategien,* Hrsg. Ralf Kleinfeld, Ulrich Willems, und Annette Zimmer, 217–239. Wiesbaden: VS Verlag für Sozialwissenschaften.

Zohlnhöfer, Werner. 1999. *Die wirtschaftspolitische Willens- und Entscheidungsbildung in der Demokratie: Ansätze einer Theorie.* Marburg: Metropolis Verlag.